SINA TRINKWALDER

ZUKUNFT IST EIN GUTER ORT

UTOPIE FÜR EINE UNGEWISSE ZEIT

DROEMER

Besuchen Sie uns im Internet:
www.droemer.de

Originalausgabe März 2019
© 2019 Droemer Verlag
Ein Imprint der Verlagsgruppe
Droemer Knaur GmbH & Co. KG, München
Covergestaltung: Kathrin Keienburg-Rees
Coverabbildung: © INFINITY
Satz: Adobe InDesign im Verlag
Druck und Bindung: CPI books GmbH, Leck
ISBN 978-3-426-27784-3

2   4   5   3   1

für euch.
für jeden einzelnen von uns.

INHALT

VORWORT
VON HARALD WELZER

Wer schon Gelegenheit hatte, Sina Trinkwalder argumentierend live zu erleben, wird beeindruckt gewesen sein. Beeindruckt von ihrer Fähigkeit, gleichzeitig Anekdoten zu erzählen, Sachfragen zu erwägen und Impulse zum Selbstdenken und -handeln zu zünden. Das können eh nicht viele, was aber bei Sina Trinkwalder noch hinzukommt, ist, dass sie merkwürdige Dinge macht, von denen ihr wohlmeinende Berater sofort abraten würden – wenn sie denn auf Berater hören würde. Das macht sie aber nur informationshalber, ihre Entscheidungen trifft sie selbst und gründet beispielsweise mit *manomama* ein Unternehmen, dass kein BWLer für aussichtsreich gehalten hätte, das aber wunderbar funktioniert. Wenn man das vorliegende Buch liest, bekommt man eine Idee, warum.

Weil die Autorin ein Ziel hat. Und dieses Ziel ist ein gutes Leben, nicht nur für sie selbst, sondern für alle. Wenn man so ein Ziel hat, muss man ziemlich viele Dinge unter einen Hut kriegen: wirtschaftliche Aspekte, Solidarität, eine stabile Finanzierung des Sozialsystems, Demokratie, eine intakte Biosphäre. Wenn jemand aus der Wissenschaft sich darangemacht hätte, ein Buch mit dem Titel »Zukunft ist ein guter Ort« zu schreiben und dabei all diese Dinge zu berücksichtigen, wären grob geschätzt mindestens 1400 eng bedruckte Seiten, 211 Schaubilder und 4354 Fußnoten dabei herausgekommen. Könnte sein, dass in so einem Buch dann vieles stimmt, es hätte aber den Nachteil, dass es niemand außer denen lesen würde, die selbst auch solche Bücher schreiben. Und den weiteren, dass die dann eh nur alle danach suchen würden, was falsch ist in dem Buch.

Sina Trinkwalders Buch über die Wiederentdeckung der Zukunft ist zum Glück viel kürzer, aber sie schafft es, eine Reihe guter Begründungen zu liefern, weshalb es notwendig und bereichernd, ja, lustvoll sein kann, an der Zukünftigkeit nicht nur »des Planeten«, sondern auch und vor allem unserer sozialen und politischen Praxis zu arbeiten. Dabei wird man nicht allen ihren Vorschlägen zustimmen, aber eine Demokratie ist ohnehin keine Gesellschaftsform des zustimmenden Nickens.

Aber man wird sich ermutigt fühlen, die Dinge mitgestalten zu wollen. Warum? Nicht nur wegen der Durchdachtheit und Rationalität ihrer Argumentation. Sondern auch, weil ihr Formulierungen gelingen, die man aus dem Buch nimmt und mit durch sein Leben tragen wird. Zum Beispiel: »Solidarität hat etwas gemeinsam mit Heimat. Sie muss vorhanden sein, um sie nicht zu brauchen.« Dass in so einem Satz das komplette Set an Voraussetzungen für eine funktionierende Demokratie enthalten ist, erschließt sich erst mit dem langen Nachhall, den solche Sätze haben. Eine nachhaltige Gesellschaft braucht – nachhaltige Gedanken. Und nachhaltige Gründe, diesen Gedanken auch Taten folgen zu lassen. So ein Buch ist das.

Harald Welzer, Berlin, im Oktober 2018

EINLEITUNG

Jede Vision hat dieselben Eltern: den Zustand und die Zuversicht. Letztere ist, auch wenn es dieser Tage anders scheint, in unserem Sozialverhalten vorprogrammiert. Der Glaube an das Gute liegt in unseren Genen. Mit jedem einzelnen Lebewesen kommt die Hoffnung auf die Welt. Für diese Erkenntnis bekamen 1973 drei Verhaltensforscher sogar den Medizin-Nobelpreis. Die Namen der Wissenschaftler – Karl von Frisch, Konrad Lorenz und Nikolaas Tinbeergen – scheinen ebenso vergessen wie die Tatsache, dass vielleicht auch uns Menschen, gleich den Tieren, das Gefühl der Hoffnung in die Wiege gelegt wird. Sie ist also erwiesenermaßen da, wenngleich wir in vereinzelten Momenten nicht an sie glauben, sie erfühlen oder sogar dem Irrglauben aufsitzen, sie verloren zu haben.

Weitaus schwieriger wird es mit dem anderen Elternteil: dem Zustand. Wie bei seinem Partner, der Zuversicht, stellt sich nicht die Frage nach der Existenz, denn: Er ist die Existenz. Das Hier und Jetzt. Ein Sammelsurium von äußeren Umständen und inneren Gegebenheiten, Daten und Fakten. Am wichtigsten aber: Wie gut oder schlecht ein Zustand ist, hängt von dem Blickwinkel und vom Ausgangspunkt der Betrachtung ab. Die Beziehung des Menschen zur Einschätzung des Zustands? Es ist kompliziert. Denn: Wir lassen uns von Gefühlen leiten, wo wir einen kühlen Kopf bräuchten. Selbst vermeintlich kluge Köpfe fallen in heutiger Zeit auf Fake News herein, statt sich an Fakten zu halten. Der Verstand scheint ausgedient zu haben, es lebe das Gefühl.

Gefühl jedoch ist nicht gleich Gefühl. Ein vernunftwidriges Bild auf Basis von Halbwahrheiten und Verschwörungstheorien, Falschinformationen und Fehlinterpretationen kann niemals Partner der Zuversicht sein. Es ist die Angetraute der Angst. Das Ende jeden visionären Nährbodens. Dies scheint der Grund zu sein, warum wir vermehrt zurückblicken anstatt nach vorne gehen, warum wir ein offenes Miteinander lieber gegen eine geschlossene Gesellschaft eintauschen, warum immer mehr von uns beginnen, das Ist zu verteidigen, statt das Sein zu gestalten. Wir berufen uns auf ein falsches Bild des Zustands und haben die Zuversicht gegen Angst getauscht. Für Hoffnung aber gibt es gute Gründe, und sie ist das einzige Motiv für ein tragfähiges Morgen. Sie allein ist das irrationale Gefühl, das es braucht, um die Zukunft zu gestalten. Fehlt ihr jedoch das aktive Tun, trägt sie nicht ewig. Denn: Der Zustand bleibt, wie er ist, wenn wir nichts ändern. Die Hoffnung hingegen ändert sich, wenn der Zustand bleibt, wie er ist. Nur den Wunsch zu pflegen, dass die Welt eine bessere und die Zukunft eine schönere wird, lässt die Zuversicht mit der Zeit verkümmern. Mehr noch: Ein Hoffen ohne Handeln wird zur Hoffnungslosigkeit.

Der Zustand bleibt, wie er ist,
wenn wir nichts ändern.
Die Hoffnung ändert sich,
wenn der Zustand bleibt, wie er ist.

Ich war weder hoffnungslos, noch sah ich die Zukunft in romantischem Rosa. Visionen hatte ich keine, Bilder der Zukunft hingegen reichlich. Ich habe in der Werbebranche gearbeitet. Es war mein Job, den Menschen das Morgen in Hochglanz anzupreisen und Produkte zu verkaufen, mit deren Erwerb die Zukunft ins Kundenzuhause einzog. Die jeweilige Zielgruppenanalyse und das prognostizierte Konsumentenverhalten waren meine Daten und Fakten des Zustands. Und der war gut. Richtig gut. Ordentlich Kaufkraft und, noch viel wichtiger, eine ungebrochene Kauflaune. Deutschland kauft und konsumiert, Deutschland geht es gut!

Dass diese einseitige Betrachtung des Zustands aber einen erheblichen Teil an Menschen in unserer Gesellschaft schlichtweg ausgrenzte, fiel mir nicht auf. Bis zu einer eindrücklichen Begegnung mit einem Obdachlosen. Diese veränderte meinen Gemütszustand. Und mein Bild des Zustands unserer Gesellschaft.

Menschliche Begegnungen, die ungefilterten Informationen aus erster Hand sind genau die Referenz, die wir benötigen, um einen tatsächlichen Eindruck unseres Jetzt und Hier zu erhalten. Zu oft nämlich hören wir von allen Seiten von dem Land, in dem jeder gut und gerne leben kann. Oder eben jenem, unserem Staat, in dem alles und jeder kurz vor dem Exodus steht, wenn nicht bereits Pleite herrscht. Diese Zustandsgalerie der Extreme, gepaart mit schwindender Hoffnung, hinterlässt ein Vakuum an Visionen.

Genau zehn Jahre ist es her, als ich aufbrach, um zu handeln. Ich gründete in den vergangenen Jahren mehrere Unternehmen, die allesamt demselben Ziel dienten und bis heute dienen: Menschen wieder auf die Beine helfen, deren Zustand in unserer Gesellschaft unerträglich für sie selbst ist und ebenso inakzeptabel für uns sein sollte, die wir nicht betroffen sind: langjährige Erwerbslose, Obdachlose, Menschen mit körperlichen und geistigen Behinderungen.

Das wohl bekannteste Unternehmen ist *manomama,* die Näherei, in der rund 150 Menschen mit »multiplen Vermittlungshemmnissen«, wie die Arbeitsagentur gerne den Zustand einer längeren Erwerbslosigkeit umschreibt, ihren Platz gefunden haben, um selbstständig wieder ihr eigenes Einkommen zu erwirtschaften. Es wurde viel mehr als eine Firma: Es ist seit Anbeginn ein soziales und gesellschaftliches Experiment. Jeder Moment, den ich mit meinen Ladys verbringe, jeder Ruf nach Hilfe, selbst ein einfaches Gespräch in lockerer Atmosphäre ergänzt bis heute mein Bild des Zustands unserer Gesellschaft. Die Antwort auf die Frage: »Wie ticken die Menschen in dieser Gesellschaft?«, ergibt sich direkt aus der Realität und nicht durch wissenschaftliche Erhebung.

Ich habe ausgetestet und probiert – das bedingungslose Grundeinkommen (BGE) zum Beispiel. Wie das Experiment verlief, wurde, wie viele weitere Eindrücke, zur Grundlage dieses Buches. Das Ende des Tests aber darf ich vorab verraten: Er scheiterte. Ebenso sei erwähnt, dass beide Lager des BGE irren: die Gegner, die den Standpunkt vertreten, dass bei Einführung eines solchen Grundeinkommens niemand mehr zur Arbeit erscheinen und unbeliebte Arbeiten niemand mehr machen würde. Ebenso falsch liegen die Befürworter. Die Wunschvorstellung, dass Menschen mit einem bestimmten Geldbetrag dazu animiert werden, Sinnvolles für sich oder andere zu tun, wird jäh von der heutigen Realität zunichtegemacht.

Jedes Mal, wenn eines meiner Experimente fehlschlug oder aber sich für mich völlig unerwartet positiv entwickelte, zog ich Wissenschaftler zurate, die mir, salopp gesagt, Tipps gaben, es in einer anderen Variante erneut zu versuchen. So handle ich seit nunmehr zehn Jahren im Trial-and-Error-Verfahren. Für eine bessere Welt. Die unzähligen Begegnungen in den letzten Jahren mit Menschen aus verschiedenen Schichten und unterschiedlichsten Lebenslagen vermittelten mir einen Zustand unserer Gesellschaft, dem ich glauben kann. Mein Handeln verschafft mir Hoffnung. Und daraus wuchs eine Vision. Eine Utopie, die uns inspirieren und Mut machen soll auf morgen. Eine Idee, die die Zukunft zu einem guten Ort macht und wir alle in guter Gesellschaft sein werden.

Augsburg, irgendwann gestern.

GEGENWART

Wachkoma

Wann fängt sie an,
wann hört sie auf,
die Zeit und deren Lauf?

Sie, die so geschäftig sind, und
wir, die so beschäftigt sind,
bis die Welt komplett entleert
in kalter Stille in sich kehrt.

Niemand hat Furcht vor Spinnen. Unbestritten ist, dass zwei Drittel von uns Menschen Angst empfinden, wenn sie daran denken, wie sich die Spinne verhalten könnte. Der bloße Gedanke an die plötzlichen Bewegungen, die der Gliederfüßer im nächsten Moment tun könnte, treibt vielen von uns Schweißperlen auf die Stirn oder lässt uns erschaudern. Das Nichtvorhersehbare lähmt uns. Die Ungewissheit schürt Panik.

Bei aller evolutionären Entwicklung, die uns vom einfachen Primaten zum denkenden und bewussten Homo sapiens werden ließ, schleppen wir bis heute eine uralte Handlungssteuerung mit, die oftmals dann zum Einsatz kommt, wenn wir nur wenig oder keine Zeit für Entscheidungsabwägungen haben und unser eigenes Leben unmittelbar bedroht sehen: unseren Instinkt. Er schubst unser Hirn, ohne zu zögern, beiseite und übernimmt die Führung. Alarmstufe: Angst. Angst geht immer, denn Angst ist eines der ältesten und archaischsten Gefühle, und die Reaktion ist stets die gleiche: Flucht oder Angriff. Daher nehmen die einen laut Reißaus und verlassen oft schreiend das Zimmer, das sie sich eben noch mit Thekla geteilt haben, während die anderen den Pantoffel ziehen und viel öfter auf die Spinne eindreschen als notwendig. Dies alles nur, um wieder Sicherheit für unser Leben herzustellen, indem Unsicherheit getötet oder indem vor ihr geflohen wird.

Nun, wir leben in der sichersten aller Zeiten. Unsere Autos haben mehr Airbags als Sitze, das Gefährlichste am Fliegen ist der volle Magen des Fluggasts. In Martins-Laternen brennen nur mehr stromsparende LEDs, und der Kuchenbasar im Kindergarten scheitert an der Deklarationspflicht der Inhaltsstoffe. Die individuelle Bedrohung von Leib und Leben, mal abgesehen von Spinnen, hält sich im Alltäglichen in unserer modernen Zivilisation in Grenzen. Wir müssen uns nicht mehr auf die gefährliche Jagd nach wilden Tieren aufmachen, um zu überleben. Die einzige Schlange, die uns in vertrauter Umgebung Angst einjagen könnte, ist die an der Supermarktkasse, nachdem wir an der Frischetheke unser sauber zugeschnittenes Schnitzel abgeholt haben.

In echte Angstzustände bringen wir uns oftmals selbst, etwa wenn wir den besonderen Kick in der Freizeit suchen, beim Bungee-Jumping oder bei anderen, immer waghalsigeren Aktivitäten. Ernsthafte, lebensbedrohende Situationen, wie sie einst unsere Urahnen hatten, sind in unseren friedlichen und gesicherten Zeiten dankenswerterweise äußerst rar geworden. Daher ist die Antwort auf Angst mit steigender Zivilisation immer seltener eine der beiden originären Handlungsweisen, nämlich unmittelbare Flucht oder prompter Angriff.

Wir reagieren in einer modernen Gesellschaft aufgrund des Wissens um eine gesellschaftlich garantierte körperliche Unversehrtheit »zivilisiert« auf das Urgefühl: Wir schlucken sie wortwörtlich hinunter, ballen in der Hosentasche die Fäuste oder ignorieren sie gar.

Schließlich ist unsere Gesellschaft eine Leistungsgesellschaft, eine Gemeinschaft der Gewinner. Angsthasen gehören nicht dazu, folglich zeigen wir sie nicht.

In jüngster Zeit hingegen sprechen immer mehr Menschen offen über ihre echten und unbegründeten Ängste, sie gehen bewusst mit ihren Panikattacken und Depressionen um. Vor allem geschieht dies, teils unter dem schützenden Deckmantel der Anonymität, in den sozialen Netzwerken.

Diese Entwicklung zeigt, dass wir Menschen langsam am Ende des stillen Ertragens angekommen sind. Ebenso verrät es, dass der Mechanismus, den eine funktionierende Leistungsgesellschaft von uns verlangt, knirscht: Wir emanzipieren uns vom Leistungsdruck und beginnen, uns unseren Ängsten zu stellen, wenngleich dies gerade in den sozialen Netzwerken zuweilen zu einem Wettbewerb der Betroffenen und Leidenden ausartet. Angst als Gefühl an sich also hat sich nicht verändert, wohl aber unsere Reaktion darauf. Außer bei Spinnen.

Angst ist viel mehr als das archaische Frühwarnsystem. Sie ist viel mächtiger als die Wut und tiefer als die Trauer. Alle drei sind zuweilen unangenehme, wenngleich wichtige Grundgefühle, die uns Stress verursachen und Erfahrungen lehren. Der effizienteste Lehrmeister der drei ist die Angst. Wir müssen sie nicht selbst empfinden, um daraus Erkenntnisse zu ziehen. Das macht sie so gefährlich. Ein berühmter Versuch der Forscher Mineka und Cook in den 1980er-Jahren mit Rhesusaffen zeigte die Macht der Angst. Affen, die zeit ihres Lebens im Labor verbrachten und fernab der natürlichen Umgebung aufgewachsen sind, zeigten keinerlei Angst vor Schlangen. Einer Gummiattrappe schenkten sie keinerlei Beachtung. Sie kannten sie schlichtweg nicht und waren deshalb nicht über die mögliche drohende Gefahr, die von Schlangen ausgeht, informiert. Gänzlich anders verhielten sich ihre Artgenossen in der freien Natur.

Die wild lebenden Rhesusäffchen in Indien zeigten sofort Angstreaktionen beim Anblick einer Schlange, denn ihr überlebenswichtiges Frühwarnsystem schlug an. Sie reagierten, wie die Evolution es vorsah, wenn sie auf eine Schlange trafen: Sie begannen zu zittern und traten panisch die Flucht an. Diese Furcht vor Schlangen erlernten die zahmen Rhesusaffen aus dem Labor dann sehr schnell. Allein die Beobachtung ihrer Artgenossen in freier Natur hat ausgereicht, um Angst zu übertragen und bereits nach wenigen Wiederholungen so auszuprägen, dass die Furcht in ihrer Intensität einer Phobie ähnelte. Es bedurfte also keiner persönlichen Erfahrung, um Angst zu erlernen.

Auch gingen die Forscher davon aus, dass die wilden Äffchen ihre Angst vor Schlangen mit großer Wahrscheinlichkeit nicht selbst erfahren und erlernt hatten. Diese nämlich hätten sie nicht überlebt. Die Angst wurde folglich von Artgenossen zu Artgenossen weitergegeben.

Die These des Beobachtungslernens der Angst deckt sich ebenso mit den Erfahrungen auf einem anderen Kontinent, in Afrika. Nur umgekehrt. Wilde Tiere meiden von Natur aus den direkten Kontakt zu Menschen. Sie haben Angst. Dennoch kommt es, wenngleich selten, vor, dass ein halbstarker Löwe, ein heranwachsendes Raubtier, Menschen anfällt, ja sogar tötet. Dann beginnt die fieberhafte Suche durch die Prärie, denn die anschließende Aufgabe der Ranger im Serengeti-Park ist es, sofort das Tier zu finden und zu töten, bevor es seine Erfahrungen an das Rudel weitergeben kann. Angst also kann sehr schnell erlernt und ebenso schnell wieder verlernt werden.

Was bei Tieren nachgewiesen ist, ist auch bei uns Menschen möglich: Wissenschaftler sind sich einig, dass wir Menschen ebenso von Kindesbeinen an durch Beobachtung lernen. Das evolutionäre Erbe scheint uns die Bereitschaft des Angstlernens hinterlassen zu haben – und wir wenden instinktiv dieses Wissen an.

Das Gemeine an der Furcht ist ihr Tempo, mit der sie uns überkommt, ihre Mächtigkeit, mit der sie uns im Zaum hält. Angst wird ohne Vorbehalte angenommen. Selbst nach kurzem Bedenken liefern wir uns ihr lieber aus, als uns ihr entgegenzustellen. Um der Angst die Stirn zu bieten, brauchen wir Mut und das Gefühl, geliebt zu werden, zwei wunderschöne, jedoch äußerst träge Gefühlsgenossen. Gilt mit Geburt die Bedingungslosigkeit der Liebe, beginnen wir im fortschreitenden Alter, nicht zuletzt durch eigene Erfahrungen, sie zu hinterfragen und anzuzweifeln. Ob eine Liebe echt ist, diese Frage stellen wir uns als Baby nicht, als Erwachsene sehr wohl.

Ähnlich verhält es sich mit Mut. Mut ist, ihn zu zeigen, wenn er andere verlässt. Immer öfter jedoch gehören wir selbst zu den Verlassenen. Liebe braucht Vertrauen, um zu wachsen, und Mut benötigt Zeit, um zu gedeihen. Wenn wir also Vertrauen verlieren und immer weniger Zeit haben, sind Liebe und Mut auf dem Rückzug. Es entsteht ein Vakuum. Die Natur jedoch kennt keine leeren Räume. Und Angst ist schnell gesät.

Was hat nun Angst mit der Zukunft zu tun? Nichts. Denn so wie wir Angst vor Spinnen haben, empfinden wir Furcht vor der Zukunft. Niemand hat Angst vor der Zukunft. Unbestritten aber ist, dass zwei Drittel von uns Angst vor der Ungewissheit haben, was das Morgen für uns bereithalten könnte. Woher aber kommt diese Angst, und wieso lassen wir uns von ihr beherrschen? Für unsere Großeltern in Zeiten der Wirtschaftswunderjahre war Zukunft ein guter Ort, den es zu erlangen galt. Für uns wurde sie zur No-go-Area, die wir am liebsten meiden würden. Dass eines gewiss ist – dass Zukunft kommt, wissen wir, und so liefern wir uns ängstlich dem Nichtvorhersehbaren aus.

Faktisch gesehen gäbe es keinen einzigen Grund, vor den kommenden Jahren Angst zu haben. Wir leben im besten Jetzt aller Zeiten. Die wenigsten von uns haben einen Krieg erleben müssen, keiner von uns litt jemals an Hunger. Satt und sorglos genießen wir die Vorzüge einer spätmodernen Wohlstandsdemokratie. Und die Nachteile?

Wir Menschen sind alle soziale Wesen. Wir brauchen Kontakt zu und Erfahrungen mit Artgenossen für unser eigenes, individuelles Fortkommen. Mehr noch: Durch soziale Beziehungen und gemeinsame gesellschaftliche Werte können wir unser persönliches soziales Wesen bestimmen. Individualität eines Menschen ist erst in Bezug zur Gemeinschaft überhaupt möglich.

Ob unser Kleidungsstil unsere eigenständige Persönlichkeit unterstützt, zeigt sich beim Blick in die Menschenmenge. Ob wir zu laut lachen, zu schüchtern sind – was auch immer unsere eigene Persönlichkeit betrifft, wir brauchen die Gemeinschaft, um Unterschiede zu erkennen, die notwendig sind, unsere Einmaligkeit herauszufinden und sie freiheitlich und unabhängig weiterzuentwickeln.

Übrigens: Hier zeigt sich bereits das gesamte Dilemma unserer Zeit. Kein modernes Wirtschaftssystem, wie wir es bisher kennen, wird dem Anspruch des Menschen ernsthaft gerecht. Freiheit und Unabhängigkeit sind die Todfeinde des Sozialismus, dafür bot er ein, wenngleich durch Mangel und Zwang erzeugtes, starkes Kollektiv. Der Kapitalismus hingegen, wie wir ihn heute in seiner hyperglobalisierten, neoliberalen Ausprägung vorfinden, überhäuft uns nahezu mit Freiheit und Unabhängigkeit, vorausgesetzt, wir verfügen über das nötige Kleingeld.

Dafür kratzen wir gerade die letzten Überreste dessen zusammen, was wir einst Gemeinschaft nannten, und bringen unsere Demokratie in Gefahr. Je wohlhabender wir dank des Kapitalismus wurden, umso mehr haben wir das »Wir« abgeschafft, weil es dem »Ich« nicht mehr von Nutzen war. Die Gemeinschaft war nicht mehr notwendig, um jedem Einzelnen von uns das Überleben zu sichern. Wir kauften uns, was wir zum Leben brauchen.

Mit dem individuellen Wohlstand kam der gesellschaftliche Abstand. Das ursprüngliche Kümmern, das uns als soziale Wesen auszeichnet, verlagerte sich in Richtung Geldbeutel.

Wieso auch sollten wir Arbeitslosen in persönlichem Kontakt und Engagement helfen, wieder Anschluss an die Leistungsgesellschaft zu bekommen, wir zahlen doch dafür?! Weshalb sollten wir unsere Eltern pflegen, dafür gibt's doch Pflegeheime! Wir haben Verantwortung externalisiert und uns freigekauft aus der Gemeinschaft, um uns konzentriert um eine Person zu kümmern: uns selbst.

Darüber hinaus hat die weltweite Schwächung der Gewerkschaften in den 1980ern ihr Übriges getan. Nicht nur der gestalterische Einfluss auf die Wirtschaft durch die Arbeiter ließ nach, auch die sozialen Räume, die direkt verknüpft waren mit der materiellen Existenz der Unter- wie Mittelschicht, wurden zerstört. Werkswohnungen, der Urlaub in Einrichtungen unternehmenseigener Sozialwerke, fachkundige Hilfestellungen bei familiären Problemen, ja selbst die wöchentliche Kegelgruppe fielen dem programmatischen Individualismus zum Opfer.

Margret Thatcher, die »eiserne Lady« der britischen Wirtschaft, brachte es auf den Punkt. Sie sagte: »There is no such thing as society« – es gibt keine Gesellschaft. Zumindest darf es sie im marktfundamentalen Neoliberalismus nicht geben. Ihre politische Arbeit waren eine umfassende Deregulierung des Finanzmarkts, die völlige Flexibilisierung des Arbeitsmarkts und eine radikale Privatisierung der britischen Staatsunternehmen, wodurch sie den Einfluss der Gewerkschaften gänzlich zurückschraubte. Ihr Vermächtnis: eine kaputte Gesellschaft und ein zerstörtes Sozialwesen. Das war der Preis für immer mehr wirtschaftliches Wachstum.

Das soziale Wesen von uns Menschen hat sich also durch unseren Wohlstand verändert. Immer mehr von uns stehen sich selbst am nächsten, Soziologen sprechen von fortschreitender Entsolidarisierung, und nach Trump formuliert hieße es wohl: »Me first!«

Wir werden nun vielleicht mit dem Kopf nicken und

denken: »Richtig. Der Nachteil an unserer modernen Wohlstandsgesellschaft ist, dass Menschen immer egoistischer sind!« Wir bekommen Angst, weil wir tief in uns spüren, dass wir Gemeinschaft benötigen, um uns selbst fortzuentwickeln, aber auch um die immensen Herausforderungen der Zukunft wie Klimakrise, Pflegenotstand, Altersarmut, Dieselskandal und Digitalisierung zu stemmen. Doch es gibt, wie bei jeder Medaille, eine andere Seite.

Aristoteles' Erklärung vom sozialen Wesen des Menschen klingt heutzutage wie aus der Zeit gefallen: Er sprach vom *Zoon politikon,* dem politischen Menschen, der seine Vollkommenheit und seinen Daseinszweck, nämlich das »gute Leben« – damit meinte der Philosoph nicht »mein Haus, mein Auto, mein Boot« –, innerhalb einer Gemeinschaft besser verwirklichen kann. Deshalb, so die Vorstellung des antiken Gelehrten, investiert der Mensch sozial in eine Gemeinschaft, allein weil er weiß, dass sie ihn trägt, wenn er Hilfe benötigt. Eine Art Kräftekreditsystem, ein Solidarpakt ohne Gegenrechnung.

Es gibt Menschen, die auch heute, bei allem Wohlstand und gegen jede Erwartung, diese Theorie als Schaffensleitlinie nehmen. Sie engagieren sich für die Belange ihrer Gemeinschaft, weil sie wissen, dass sie von ihr abhängig sind. Allein in den vergangenen fünf Jahren haben sich jedes Jahr mehr Menschen ehrenamtlich engagiert. Nachbarschaftsnetzwerke schießen aus dem Boden, und Freundschaftsdienste nehmen wieder zu.

Wir sind viele. Und jeden Tag kommen neue hinzu, die Gemeinschaft entdecken und die beginnen, der Solidargemeinschaft eine Renaissance zu bescheren.

Warum aber glauben wir, dass genau das Gegenteil der Fall sei? Weshalb empfinden wir ein Fehlen an Zusammenhalt und Einigkeit in unserer Gemeinschaft? Weil es System hat. Weil es unser System braucht: die Beziehungslosigkeit und Oberflächlichkeit unter den Menschen. Wären Loyalität und Mitmenschlichkeit Kriterien, die einen Personaler leiteten, die unsere Kaufentscheidungen beeinflussten, würde der neoliberale, rein gewinnorientierte Kapitalismus längst nicht mehr existieren.

Darwin, der englische Naturforscher, formulierte: »Jedermann wird zugestehen, dass der Mensch ein soziales Wesen ist. Wir sehen es in seiner Abneigung gegen Einsamkeit sowie seinem Wunsch nach Gesellschaft über den Rahmen seiner Familie hinaus.« Die gute Nachricht also ist: Wir Menschen sind – und bleiben – soziale Wesen. Wir wollen in Beziehung zueinander treten und füreinander einstehen. Das aber will unser Wirtschaftssystem in der heutigen Ausprägung nicht. Wo kämen wir denn da hin, würden wieder Einkäufer verantwortungsbewusst beim regionalen Lieferanten anrufen, statt anonymisiert globale Ausschreibungen für die benötigten Güter zum besten Preis vergeben? Was würde nur passieren, wenn Hochschulen ihre Plätze im Studiengang »Soziale Arbeit« nach Gesprächen zu Fähigkeiten und berufsbiografischer Vita vergeben würden, anstelle Noten durch das SAP-gestützte Bewerberverfahren zur Bestenauslese zu jagen? Was wäre es nur für eine Vorstellung: Wir gingen einfach in ein Café, um Menschen kennenzulernen? Vielleicht mag es länger als elf Minuten dauern, bis sich ein Single verliebte, allein es wäre der blanke Horror für eine gesamte Branche.

Soziale Beziehungen sind im Kapitalismus nur dann erlaubt oder sogar gewünscht, wenn selbst nach eingehender Analyse kein lukratives Geschäftsmodell zugrunde gelegt werden kann. Die fachgerechte und gute Versorgung von Kindern und Alten zum Beispiel. Dies scheint nun wirklich keine privatwirtschaftliche Angelegenheit, sonst wären beispielsweise längst ausreichend Kita-Plätze wie notwendiges Fachpersonal vorhanden. Sonst würden Krankenhäuser in ländlichen Gebieten nicht geschlossen. Zwar schafft die sogenannte Care Work erst überhaupt die Voraussetzungen für ökonomisches Wachstum, nämlich Kinder und Heranwachsende, aber es lässt sich schlichtweg kein Geld damit machen. Hier also wird gerne an den Menschen als soziales Wesen appelliert und auf ihn anstandslos und kostenfrei zurückgegriffen. Wir dürfen in diesem Zusammenhang durchaus von moderner Ausbeutung sprechen.

Dieser Egoismus des heutigen kapitalistischen Systems, das Handeln für den Markt und für Moneten und gegen den Menschen, ist es, der sich auf uns selbst vererbt. Der Nachteil an der spätmodernen Wohlstandsdemokratie ist folglich nicht, dass wir Menschen immer egoistischer sind. Wir werden schlichtweg immer egoistischer geprägt. Wir sehen zu, ohne Rücksicht auf Verluste, selbst nach vorne und nach oben zu kommen.

Durch diese Veränderung ist uns, ganz nebenbei, fast unbemerkt im Zeitalter der Selbstverständlichkeit die Wertschätzung für das Existierende abhandengekommen. Fehlende Achtung ist es, die unsere Bereitschaft versiegen lässt, etwas dafür zu tun, dass es so bleibt oder gar besser wird. Nur weil es so ist, bleibt es nicht so. Der Verlust der Dankbarkeit für das, was wir haben und wer wir sind, geht einher mit der wachsenden Forderung nach noch mehr Möglichkeiten, um weiterhin im Hamsterrad des Neoliberalismus den eigenen, persönlichen Profit zu maximieren.

Vor wenigen Jahren waren wir noch sehr dankbar, unterwegs auf ein Free-Wi-Fi zu stoßen und kostenfrei ins Internet zu können. Heute empören wir uns, wenn wir nicht überall und jederzeit einen freien Hotspot zur Verfügung haben. Vor 20 Jahren noch sind wir selbst zur Pizzeria gefahren, um uns ein Abendbrot zu holen, wenn wir keine Lust hatten, selbst zu kochen. Ein kurzer Plausch mit Gianni versüßte die Wartezeit, und zu Hause schmeckte die lauwarme Pizza wunderbar. Heute streichen wir dem Lieferservice das Trinkgeld und hinterlassen schlechte Bewertungen im Netz, wenn das bequem per Klick georderte Essen auch nur fünf Minuten zu spät kommt.

Diese Beispiele zeigen, wie Gelassenheit und Dankbarkeit, ja Demut, einem unersättlichen Anspruchsdenken gewichen ist. Hinzu kommt, dass auf die Generation vor uns kein Verlass mehr ist, was das erzieherisch prägende Leitbild betrifft. Uns fehlt das elterliche Korrektiv.

Während die Eltern unserer Eltern, sozialisiert in größter Not, ihre Kinder stets zum Benimm, Maßhalten und Sparen erzogen, sind unsere Eltern, ebenfalls wie wir, Wohlstandswunderkinder. Statt uns zu ermahnen und Dankbarkeit zu lehren, wird mitgemosert. Gemeinsam regen wir uns über fehlende Internetkonnektivität und kalte Pizze auf. Und was die Nachbarn denken könnten, interessiert niemanden mehr. Wir kennen sie in der anonymen Gesellschaft des urbanen Raums sowieso nicht.

Somit ist auch das Role-Model einer Generation überholt: Es gibt in unserer heutigen Zeit keine Generationenfrage mehr, sondern Ansprüche und Bedürfnisse der Menschen, die in derselben Zeit leben, den kollektiven Zeitgeist genießen und, die wohl wichtigste Erkenntnis, dieselben Sorgen teilen. Ob jung oder alt, für beide ist es gleichermaßen schwierig, eine gute Arbeit zu bekommen, eine schöne Wohnung zu finden, und beide haben bemerkt, dass irgendetwas nicht mehr stimmt.

Wir wurden hineingeboren in ein Jahrhundert der Superlative. Die Weltgemeinschaft etablierte mit der Verabschiedung der Menschenrechte die Gleichberechtigung von Mann und Frau, das Recht auf Leben, auf persönliche Freiheit und Sicherheit. Das Verbot der Folter und der Sklaverei, eine Vielzahl an Rechten für Kinder und das Wahlrecht. Auch wurde ein Sozialpakt auf den Weg gebracht. Dieser beinhaltet unter anderem das Recht auf Arbeit, auf soziale Sicherheit, das Recht auf Wohnen und das Recht auf Bildung.

Gerade der Sozialpakt muss in heutigen Zeiten wieder und wieder erwähnt werden: soziale Sicherung, Arbeit, Bildung und Wohnen sind Menschenrechte. Die nach dem Zweiten Weltkrieg noch junge soziale Marktwirtschaft in Deutschland war der perfekte Rahmen, um diese Rechte in die Realität zu bringen. Es war die Zeit der gemeinsamen Träume, vom Eigenheim, von den Kindern, einem guten Job, Garten und Hund. Vom immerwährenden Besseren. Vom Wohlstand durch Wachstum. Das ging in den boomenden

Dekaden der Industrialisierung und der anschließenden Globalisierung richtig gut. Aus dem klassischen »Schaffe, schaffe, Häusle baue« wurden nicht selten zwei Häuser, noch eine Einliegerwohnung und das Feriendomizil, irgendwo im billigen Süden.

Heute jedoch sind die Bausparverträge gekündigt, und das Generationenversprechen, das unsere Gesellschaft, ja unsere Volkswirtschaft über Jahrzehnte trug, aufgekündigt. Es wird uns nicht mehr besser gehen. Der gemeinsame Traum wurde zur realen Illusion, denn er ist nur noch für die wenigsten aus eigener Kraft erreichbar.

Manche Ökonomen behaupten, dass die größte wirtschaftliche Leistung der heutigen Jüngeren das Erben sein wird. Mit dieser Erkenntnis war die Enttäuschung groß, und die Begeisterung für die Zukunft schwand, denn das Leitbild, das uns alle durch die Jahre des wachsenden Wohlstands getragen hatte, platzte wie eine Seifenblase. Aus dem Traum von einer besseren Zukunft wird die kollektive Wehmut nach dem Gestrigen, während wir uns unbekümmert und kurzfristig durchs Heute hangeln. Auf einmal scheint alles schlechter zu werden, und langsam überkommt uns das unsichere Gefühl, dass das wenige Gute ebenfalls noch dem Zeitgeist zum Opfer fällt. Wir sitzen in den eigenen vier Wänden und hören von einer immer größer werdenden Wohnungsnot, sehen immer mehr obdachlose Menschen, gehen unserer Arbeit nach und erfahren abends in den Nachrichten, dass die Digitalisierung in rasanter Weise Hunderttausende Nutzlose hervorbringen wird. Wir blättern durch die Zeitungen und lesen, dass sich die Anzahl der Millionäre in Deutschland in den letzten 15 Jahren auf rund 1 365 000

Millionäre verdoppelt hat. Gleichzeitig bekommen wir auf der nächsten Seite die Information, dass die Tafeln zweimal so viele Bedürftige, nämlich knapp 1,5 Millionen Menschen, verglichen zum Vorjahrzehnt, versorgen müssen.

Erinnern wir uns: Wohnen, Arbeit und soziale Sicherung sind Menschenrechte. Täglich werden wir damit konfrontiert, wie dieses hohe Gut mehr und mehr zerbröckelt. Erinnern wir uns ein weiteres Mal: Wir müssen nicht unmittelbar mit einer Gefahr konfrontiert werden, es reicht zu sehen, wie Artgenossen bedroht werden, um Angst zu bekommen.

Ausentwickelte Wohlstandsdemokratien wie die unsere basieren auf zwei Grundbedingungen. Die erste: Wachstum ist unbegrenzt möglich. Gründet eine Gesellschaft ihr Fortkommen auf stete Steigerung der Leistung, ist die Basis des politischen und wirtschaftlichen Systems permanentes Wachstum, wird der Zeitpunkt kommen, dass sich dieses Konzept als Ammenmärchen erweist. Die Lüge vom ewigen Mehr, der niemals versiegenden Steigerung des Bisherigen konnte nur dann über Generationen weitergetragen werden, solange sie daran geglaubt haben und jeden Tag selbst ein bisschen mehr erreichten.

Das Leben selbst lehrt viele Enden des Wachstums: das des eigenen Körpers, jenes der verfügbaren Fähigkeiten. Beziehungen gehen zu Ende, und manchmal ist sogar der Kaffee alle. Nahezu täglich werden wir konfrontiert mit Endlichkeiten, und wir hätten längst merken müssen, dass bei allem Optimismus und Glauben an den Fortschritt ein unendliches Wachstum in einer endlichen Welt paradox ist. Nun aber merken wir, dass unsere Gesellschaftsform, deren Existenz vom Zwang zum Wachstum abhängt, sich selbst infrage stellt, denn uns dünkt das Aus des ewigen Mehr.

Die zweite Grundregel, unabdingbar für eine kapitalistische Gesellschaft, ist die Akzeptanz sozialer Ungleichheit, solange alle vom Wohlstand profitieren. Jedem von uns darf es unterschiedlich gut gehen, niemandem aber soll es schlecht gehen, war die Devise über Jahrzehnte. Allein: Sie gilt nicht mehr. Das Versprechen des Kapitalismus, nämlich die Kluft zwischen Arm und Reich zu vermindern, ist hinfällig. Im Gegenteil: Seit der Steuerreform Ende der 1990er, bei der Spitzensteuersätze gesenkt und hohe Einkommen entlastet wurden, während im gleichen Atemzug mehrere Sozialleistungen unter dem Namen »Agenda 2010« gekürzt wurden, ging es bergab mit unserem Sozialstaat.

Alle kritischen Reaktionen auf diese Art des Systemwechsels, nämlich weg von der sozialen Marktwirtschaft hin zu einem neoliberalen Kapitalismus, wurden ignoriert. 400 Wissenschaftler forderten lautstark die Reformierung des Sozialstaates statt seines Abbaus. Vergeblich. Die neoliberalen Gestalter zu dieser Zeit beriefen sich auf Ludwig Erhard und zitierten ihn fleißig: »Je freier die Wirtschaft, umso sozialer ist sie auch.« Mit Erhard als Schirmherrn post mortem wurde die Arbeitsmarktflexibilisierung und Privatisierung einst staatlicher Güter eifrig vorangetrieben. Ebenso der konsequente Abbau des Sozialstaates. Erhard jedoch war kein Neoliberaler, er war ein Ordoliberaler. Einer, der die Freiheit der Wirtschaft ebenso wichtig fand wie einen starken Staat. Die Reformer waren gar keine Neoliberalen, sondern Sozialdemokraten und

Grüne. Vielleicht war dies ein Zuviel an Verwirrung für uns, sodass wir stillschweigend die Neuerungen mittrugen, statt uns sofort dagegen zu wehren.

Während unsere Politiker und Vertreter aus der Wirtschaft uns im Dauerloop das Märchen vom Deutschland, in dem wir gut und gerne leben wollen, erzählten, war es der renommierte Ungleichheitsforscher Branko Milanovic, der uns in mehr als 40 Studien und zahlreichen Büchern, die er dem Thema der Ungleichheit widmete, in Berechnungen bestätigte, dass der Abstand zwischen Arm und Reich so hoch wie noch nie in der Bundesrepublik ist. Wirtschaft und Politik hielten dieser Rechnung steigende Durchschnittslöhne entgegen. Ebenso war überall die Parole zu hören: »Es gibt keine Verlierer des Aufschwungs!« Das Skurrile: Beides ist richtig.

Die Durchschnittslöhne in Deutschland steigen. Es wird aber verschwiegen, dass diese nachweisliche Steigerung des Durchschnittslohns dadurch zustande kommt, dass Gutverdienende einfach noch besser verdienten. 2016 warnte sogar das Wirtschaftsministerium in einem internen Papier davor, dass die Einkommensschere immer größer wird und dies den Zusammenhalt im Land gefährde. Ebenso, fand Milanovic heraus, profitierten vom Aufschwung in erster Linie jene, die bereits zu den Besserverdienenden und Vermögenden gehörten. Billiglöhner waren nahezu ausgeschlossen. Folglich gab es für Menschen in prekären Arbeitsverhältnissen nichts zu gewinnen. Und wer nichts gewinnen kann, kann schließlich kein Verlierer sein. Das war die Logik derjenigen, die bei diesem Spiel auf dem Siegertreppchen stehen.

Die Kluft zwischen Arm und Reich wird nachweislich wieder größer. Eines haben dabei beide Parts gemeinsam: Immer öfter sind es nicht sie selbst, die ihre Situation gestalten. Hartnäckig hält sich der Glaube, Armut wäre selbst verschuldet und Reichtum selbst verdient. Das aber ist spätestens seit den unkontrollierten Auswüchsen der Finanzwirtschaft blanker Unsinn. Immer öfter scheffeln Reiche Geld aus Geld, das hat mit harter Arbeit nichts zu tun, während Arme hart arbeiten und mit dem erwirtschafteten Einkommen nicht mehr auskommen. Diejenigen, die durch alle Raster fallen, fallen heute zudem härter.

Gegen einen langsamen Wandel von unten spricht die Erfahrung aus der Vergangenheit. Weder die einleuchtenden moralischen Erkenntnisse noch die leidenschaftlichsten zukunftsweisenden Bewegungen waren in der Lage, die Lebensweise einer ganzen Gesellschaft neu auszurichten. Es war stets ein Gruppenzwang, verursacht durch Katastrophen, Knappheit, Kriege und Krisen. Für einen Wandel von unten spricht, dass wir aus Geschichte zwar lernen können, sie wiederholt sich aber nicht. Die Verhältnisse sind immer andere. Wir atmen immer neue Luft. Wir haben jedes Mal eine neue, echte Chance.

ZU DUMM ZUM WELTRETTEN?

Lange nahmen wir guten Glaubens an, dass die Intelligenz des Menschen kein evolutionärer Zufall war. Es gibt durchaus Anzeichen, die den kleinen Zweifel nährten, ob der Homo sapiens seine Entwicklung wirklich vollendet hatte. Bis in die jüngste Geschichte nämlich scheinen wir in geradezu animalischen Strukturen der Urzeit zu leben: Alle Herden, alle Sippen, in der Wirtschaft, in der Politik, wo auch immer, regieren und führen die Stärksten, möglicherweise die Gewitztesten, selten die Klügsten.

Dass dieses vorherrschende Ordnungssystem gerade in modernen Gesellschaften kaum infrage gestellt wird, ist nicht schlau und begründet zu Recht die Skepsis gegenüber der Intelligenz des Menschen. Vielleicht ist es ein Relikt des ursprünglichen Instinkts, das uns seit Jahrtausenden glauben lässt, dass Muskelkraft und Drohgebärden über jeden Zweifel erhaben sind und die Vorherrschaft garantieren.

Einfache Lebewesen und höhere Primaten gestalten ihr Zusammenleben ausschließlich instinktiv, sie haben weder das notwendige Bewusstsein noch das Denkvermögen, um aus Erfahrungen zu reflektieren und sich neue Varianten einer gemeinschaftlichen Struktur auszudenken. Der aus dem Kampf hervorgegangene Sieger wird zugleich Sippenvorstand. Ende.

Wir aber, Menschen, die, so nehmen wir an, bisher

klügste aller Spezies, die der Evolution gelungen ist, veränderten nichts an dieser Organisation. Zwar entscheiden nicht mehr fliegende Fäuste und physische Kraft, es zählt, wer den größten Machthunger hat und das zäheste Sitzfleisch besitzt. Immerhin, und das gibt Hoffnung, haben wir es geschafft, die Demokratie hinzubekommen. Doch auch in dieser gelingt es uns nicht, eine Ausgewogenheit an gesellschaftlicher Repräsentanz zu realisieren.

Zwar sind es nicht mehr die Stärksten, die unseren Staat gestalten, man findet nur auch keine Schwachen, die helfen, eine gute Basis für alle zu gestalten. Welche Zusammensetzung des Bundestags wir auch unter die Lupe nehmen, das Bild der beruflichen Verteilung ist stets eine ähnliche: Wir werden seit Beginn der Bundesrepublik regiert von Juristen, Berufspolitikern und Lehrern. Dieses fachlich monotone Potpourri, das in keiner Zeit den Durchschnitt der Bevölkerung abbildete, somit auch den Begriff der Realpolitik ad absurdum führte und sich über Jahrzehnte in der Realisierung einer reinen Klientelpolitik zeigte, ist für Politiker selbst kein Grund zur Sorge. Man witzelt höchstens darüber. »Der Bundestag ist mal voller und mal leerer, aber immer voller Lehrer«, soll Otto Graf Lambsdorff, in den 1970ern Wirtschaftsminister der Bundesrepublik Deutschland, einmal gesagt haben. Er war übrigens Jurist.

Viele Jahre später, in der zweiten Zukunft, werden wir uns einen weiteren Witz erzählen. Er wird lauten: »Man braucht Informatiker in der Regierung. Die haben gelernt, dass ein Neustart das Problem löst, wenn das System hängt!« Die bittere Wahrheit, die hinter der regierungspolitischen Absenz von Computerspezialisten und Programmierern, IT-Fachkräften und Digital-experten liegt, verkennen wir: Sie sind in diesen Zeiten vollends damit beschäftigt, unsere Gesellschaft so um-zubauen, dass man Juristen, Berufspolitiker und Lehrer nicht mehr benötigt.

Ungeachtet dessen optimieren wir fleißig weiterhin das Falsche, anstelle das Richtige zu tun. Während in Schwellenländern bereits erfahrene Informatiker als IT-Minister durch geschickte politische Weichenstellung das Zeitalter der Digitalisierung einleiteten, zählen wir Programmierer exakt 3 im Bundestag. Nüchtern betrachtet, fehlt für die Akzeptanz und Nähe zu den Bürgern das notwendige Spiegelbild: Einer Regierung, bestehend aus wenigen Berufsgruppen, trauen die wenigsten die vielfältige, notwendige Fachkompetenz zu. Um jene zumindest dem Anschein nach zu erlangen, bedarf es zahlreicher externer Berater, die Kompetenz ins hohe Haus bringen. Darin beginnt das Problem: Unsere Demokratie entwickelt sich hin zu einer meritokratischen Lobbykratie. An den Bedürfnissen des Bürgers vorbei wird Klientelpolitik pervertiert: Immer mehr für die Wirtschaft, sodass am Ende nichts übrig bleibt für die Gesellschaft. Explodierende Lebenshaltungskosten, wachsende Wohnungsnot, prekäre Niedriglöhne – die Liste der Probleme ist eine lange.

Weil die Probleme einer spätkapitalistischen Wohlstandsgesellschaft jeweils nur Minderheiten betreffen und solange die Mittelschicht glaubt, zu den Vermögenden zu gehören, werden jene zwar wahr-, aber nicht ernst genommen. Obgleich 2015 ein Mindestlohn eingeführt wurde, arbeiteten 2016 laut dem Deutschen Institut für Wirtschaft (DIW) immer noch 2,4 Millionen Erwerbstätige unterhalb des Mindestlohns. Mietpreisbremse? In Zeiten der ungebremsten Wohnungsnot suchen sich Vermieter diejenigen Mieter aus, die am meisten bezahlen können. Der enorme Pflegenotstand wurde erst dann in Angriff genommen, als er gewiss nicht erfolgreich gelöst werden konnte, weil der Fachkräftemangel inzwischen bereits übergroß geworden war. Der Gesundheitsminister verspricht im Sommer 2018 13 000 neue Stellen zu schaffen, wohl wissend, dass Pflegedienste und Altenheime bereits seit Jahren große Lücken in der Belegung des Personals haben.

Politik verkommt zur Vergangenheitsbewältigung, Politiker werden zu Archäologen der Gegenwart und geben eine Unterlassungserklärung an die Zukunft ab. Dies bleibt nicht ohne Wirkung bei uns Bürgern. Eine internationale Umfrage der Organisationen »Rasmussen Global« und »Alliance of Democracies« bestätigte, was wir seit geraumer Zeit längst spürten: Das Volk, wir Bürger, haben der Demokratie die Vertrauensfrage gestellt. Mehr als die Hälfte der Befragten der Studie kritisierten, dass »ihre Stimme selten oder nie von der Politik gehört« wird, knapp zwei Drittel gaben sogar an, dass ihre Regierung »nicht in ihrem Interesse handelt«. Statt endlich die Probleme der modernen Gesellschaften westlicher Industriestaaten anzugehen, die Gräben, die der Neoliberalismus in sie gerissen hat, zu schließen, müht sich die Politelite seit Jahren an ein und demselben Thema ab, denn es eignet sich perfekt dafür, um als populistische Projektionsfläche, als Sündenbock für jahrelang vorausgegangene Fehlentscheidungen bei sozialen, ökologischen und wirtschaftlichen Fragen missbraucht zu werden: der Flüchtling.

Wir leben in einer Zeit, die an politischer Schäbigkeit nicht zu überbieten ist, und lassen es uns bieten. Wer den demokratischen Prozess infrage stellt oder gar nicht mehr an ihn glaubt, resigniert zunehmend und lässt Schlechten und Schlächtern den Raum, um noch mehr Schaden anzurichten. Um die freiheitliche Demokratie zu bewahren, muss die Mehrheit jetzt ihre Stimme erheben, war Mitte vergangenen Jahres in der *Süddeutschen Zeitung* zu lesen. Nur: Wie kann man überzeugend etwas verteidigen, dessen Existenz man anzweifelt?

Es bräuchte gute, fundierte, alternative Konzepte zu den existierenden Problemen, um die Demokratie zu schützen. Echte Lösungen für die wirklichen Probleme. Die aber sind nicht in Sicht. Ob Regierungsparteien oder weite Teile der Opposition, in einem war man sich einig: Die Flüchtlingsströme muss man in den Griff bekommen. Umweltschutz, soziale Sicherung, der Wandel ins Digitalzeitalter, Wohnungsnot, steigende Armut bei steigenden Zahlen an Millionären – das alles wurde hintangestellt. Wir verlieren kostbare Zeit, weil wir nicht zu Ende denken, und verlieren selbst das Futur aus dem Fokus.

Dennoch sind wir uns nach wie vor sicher, dass die Menschheit gescheit genug wäre, um ihre Probleme in den Griff zu kriegen, wenngleich die Klugheit nur das Resultat aus Schaden war und permanenter Schaden somit unumgänglich ist. Das jedoch ist der große Irrtum. Die jüngste Vergangenheit zeigt nämlich, dass der Mensch zwar über Intelligenz verfügt, sie aber nur ungern für das Gemeinwohl einsetzt. Je komfortabler es ihm der Fortschritt machte, umso unbequemer wurde das Denken. Das Gehirn zu nutzen kostet Kraft, und immer mehr Menschen entdecken augenscheinlich für sich den Energiesparmodus. Ähnlich verhält es sich mit der Klugheit: Selbst die größten Schlachtfelder brachten nur selten und wenn, geringe Erkenntnisgewinne zutage.

Würde der Mensch aus Schaden ernsthaft klug, hätte es nie einen Plural für Weltkrieg gegeben.

Wir wurden im besten Fall nur dann klug aus einem Schaden, wenn wir selbst geschädigt wurden. Wenn ein anderer geschädigt wird, reicht das nicht in unserer Zivilisation, denn wir leben in einer Gesellschaft, in der Werte wie Ethik und Moral, Empathie und Mitgefühl über die Jahre hinweg dem neoliberalen Rotstift zum Opfer fielen. Je mehr Güter wir uns leisten können, umso weniger Gutes können, oder wollen, wir uns leisten. Je weniger Gutes in der Gesellschaft verankert ist, umso größer gründet das individuelle Handeln auf Gewissenlosigkeit.

Natürlich wissen wir um den Klimawandel und die damit einhergehenden Veränderungen. Der Meeresspiegel steigt ungebremst und unumkehrbar. Diese Winzigkeit, die im Verhältnis eines unendlichen Ozeans den Anschein der Absurdität erhält, war bereits zu Zeiten des Pariser Klimaschutzabkommens im Jahr 2015 Grund dafür, dass die Bewohner der Fidschi-Inseln ihre Koffer packten und in höhere Gebiete umsiedelten. Nun sind die Fidschi-Inseln am anderen Ende der Welt, und mit jedem Kilometer Entfernung scheint die Bedrohung durch den Klimawandel für uns Menschen kleiner zu werden.

Doch auch hier, direkt in unserer »Nachbarschaft«,

haben die Bewohner der Fidschi-Inseln Verbündete gefunden: zum Beispiel eine Familie aus Langeoog, einer beliebten Ferieninsel in der Nordsee. Sie verklagte, zusammen mit anderen Familien aus Europa, Kenia und den Fidschi-Inseln, die Europäische Union, denn auch die Familie aus Deutschland ist bedroht von den Folgen des Klimawandels. Selbst diese regionale Nähe scheint uns das Problem nicht greifbarer zu machen.

Wir hören seit Jahrzehnten »Es ist fünf vor zwölf«-Parolen, obgleich der Zeiger längst den Zenit passiert hat. Der Schaden zeigt erste Ausmaße, nur eben nicht unmittelbar daheim. Wir fliegen weiter unbesorgt in die Sonne und versichern uns, dass unser Lieblings-All-Inclusive-Hotel am Strand noch nicht unter Wasser steht. Der Klimawandel folglich mag existieren, aber nicht für uns. Ein möglicher Schaden ungeahnten Ausmaßes in der Zukunft? Allein darüber nachzudenken, geschweige zu handeln, ist vielen Menschen zu mühsam. Vielleicht ist es schlichtweg zu groß, zu abstrakt, das Problem. Zu ungewiss der Schaden. Vielleicht aber sind wir auch nur zu schwach, das Flugticket zu billig und Fast Fashion zu spaßig?

Doch auch bei konkreten Schäden in der Gegenwart bleiben Klugheit und Handeln aus. Sicherlich, wir haben, verglichen mit den Jahren zuvor, weniger Insekten an den Autoscheiben kleben nach einer langen Autobahnfahrt, wir liefern uns jedoch selbst eine einleuchtende Erklärung: Es wurden nicht weniger Mücken, es wurden schlichtweg mehr Autos. Diejenigen, die ernsthaft beginnen, darüber nachzudenken, erhalten seitens der Wirtschaft die passend beruhigende Marketing-Aussage: »Dank der steten Optimierung des CW-Werts durch intelligentes Design und stromlinienförmigere

Gestaltung werden Insekten schonend über das Auto hinweggeblasen. Weiterhin eine gute Fahrt und klare Sicht, Ihre heilige Kuh, die Automobilindustrie.« Insgeheim scheinen wir froh, dass das lästige Übel des Windschutzscheibenputzens bald der Vergangenheit angehört.

Selbstverständlich sind uns die furchtbaren und menschenunwürdigen Arbeitsbedingungen in fernen Produktionsländern bekannt, und trotzdem ist uns das neueste Smartphone und tägliche Billigshirt wichtiger. Dieser entstandene Schaden ist dank unermüdlicher Aufklärung von Nichtregierungsorganisationen (NGO), Aktivisten und den sozialen Netzwerken sogar einzelnen Gesichtern und Geschichten zuzuordnen, und dennoch: Wir wurden wieder nicht schlau. Auf die kurze, dafür vehemente Empörung folgen eine resignierende Entschuldigung und das anschließende Handeln wie bisher. Den Schmerz nämlich, den wir gebraucht hätten, um Klugheit aus dem verursachten Schaden zu ziehen, verspürten jene Menschen am anderen Ende der Welt, die sich krumm und buckelig arbeiten, während wir uns in den Lieblingspulli kuscheln und Whats-App-Nachrichten empfangen. Wenn also künftige, zu erwartende Schäden ebenso wie gegenwärtige nicht zum Erkenntnisgewinn verhelfen, bleibt nur noch der Gang in die Vergangenheit.

Möglicherweise bedarf die Entwicklung von Klugheit nach Erkennen des Schadens schlichtweg mehr. Die meisten von uns erfuhren noch eindrücklich aus erster Hand, aus den Erzählungen unserer Großeltern, von den unvorstellbaren Schäden des Dritten Reiches und des Zweiten Weltkriegs. 70 Jahre später hört man erneut Naziparolen auf den Straßen, und seit 2017 ist eine extrem rechte Partei im Parlament vertreten. Kurzum: Wir scheinen aus Schäden auf lange Sicht nicht zu lernen.

Wieso also geben wir Menschen uns anders, als es notwendig wäre, um die richtigen Weichen zu stellen für eine gute Zukunft? Sind wir etwa zu dumm, um unsere Welt zu retten? Die gute Nachricht: Nein, wir sind nicht zu dumm. Unser Handeln begründet sich entweder auf natürlichem, angeborenem Agieren – oder erlerntem. So verfügen wir von Natur aus über Instinkte und Reflexe. Berührt man zum Beispiel die Lippen eines Neugeborenen, spitzt es den Mund und versucht zu saugen. Wirft man einem Erwachsenen einen Ball zu, wird er ihn immer versuchen zu fangen. In beiden Fällen wird durch einen Schlüsselreiz ein angeborener Reflex ausgelöst, der ein in unserer DNA vorprogrammiertes Verhaltensmuster aktiviert und abspielt. Darüber hinaus lernen wir im Lauf unserer Lebensjahre viele weitere Verhaltensmuster. Eigene Erfahrungen, Erziehung durch das Elternhaus ebenso wie Prägung durch die Gesellschaft sind hierfür die Basis.

Die Verhaltensweisen, die wir uns selbst zulegen, sind oftmals im Kontext mit unserer eigenen Persönlichkeit zu sehen. Unsere Eltern und schulische Einrichtungen vermitteln uns das Rüstzeug fürs Leben, und innerhalb einer ausgewogenen Gemeinschaft erlernen wir das Verhalten, welches für ein tragfähiges Miteinander notwendig ist. Genau hierin erkennen wir nun das Problem unserer Zeit: In Sachen Verhaltensmuster stehen wir mit uns alleine da.

Ob streng nach Regeln oder antiautoritär, viele Eltern haben nicht mehr die Zeit und oftmals ebenso wenig Kraft, genügend Engagement in die Erziehung ihrer Kinder zu legen. Die Sicherung der Existenz verbraucht einen Großteil der Energie, sodass der elterliche Erziehungsauftrag mehr und mehr an die Lehrer übergeht. Die Doppelbelastung aus Job und Erziehung eines Heranwachsenden zu übernehmen endet in einer Zweckrationalität. Wir lernen in der Schule nicht mehr spielerisch fürs Leben, sondern werden mit Gebrauchsanweisungen darauf vorbereitet, wie wir uns in einer durchökonomisierten, effizienzgesteuerten Leistungsgesellschaft zu verhalten haben. Wir bekommen in Bildungseinrichtungen das Verhalten vermittelt, welches die Wirtschaft von uns als Absolvent benötigt: leistungswillig, effizient, strebsam, denkbefreit. In Schulsprache heißt dies: verhaltensunauffälliger Einserschüler. Und immer noch scheint der neoliberale Hunger nach stupid funktionierendem Humankapital nicht gestillt. Dass es längst nicht mehr um die Bildung von Menschen, sondern dem Heranziehen von Arbeitsressourcen geht, findet sich in den Worten von Margarete Schramböck. Die österreichische Wirtschaftsministerin fand heraus, dass die Gymnasien »am Markt vorbeiproduzieren« würden.

In durchschnittlich zehn Jahren werden wir dazu erzogen, dass es das erstrebenswerte Ziel eines jeden von uns sein sollte, zu den Besseren, Stärkeren und Klügeren zu gehören. Das Notensystem alleine bestätigt dies. Aufgewachsen in einem leistungsorientierten Umfeld und erzogen nach den Regeln des gewünschten künftigen Verhaltens, werden wir als neues Mitglied und wichtige Arbeitskraft in den Kapitalismus entlassen. In der Leistungsgesellschaft angekommen, erfahren wir dann, was der berühmte Verhaltensforscher B. F. Skinner meinte, als er sagte: »Die Gesellschaft greift früh an, wenn ein Individuum hilflos ist.« Wir wurden sozialisiert in eine Radfahrer-Gesellschaft: nach oben buckeln, nach unten treten. Wir verhalten uns, wie wir es dafür gelernt haben. Rücksicht und Respekt pflegen viele von uns nur gegenüber jenen, die über uns stehen, denn sie könnten uns helfen, ebenso nach oben zu kommen. Man gibt sich egoistisch, um seinen Platz in der Gesellschaft zu sichern und nach oben auszubauen. Gegenüber den Schwächeren zeigen wir Verachtung und strafen sie mit verachtenden Blicken.

Eine gute Zukunft für alle erfordert viel,
vor allem aber von allem weniger.

Während wir ein Verhalten erlernt haben, das auf dem Leitmotiv »genug ist nie genug« fußte, sind wir nun angehalten, unsere Bedürfnisse nach unten zu schrauben, um die Welt zu retten. Übertragen heißt dies, dass wir uns in der Gegenwart zurücknehmen müssen zugunsten einer ungewissen Zukunft. Auf das Auto verzichten für das Klima? Solange der Pkw des Deutschen liebstes Statussymbol ist, undenkbar. Die Nachbarn würden sich fragen, ob wir nun Hartz-IV-Bezieher wären und kein Geld mehr hätten! Welche Schmach, hilflos und schwach in unserer Gesellschaft zu scheinen.

Diese Denkmuster bezüglich neuer Verhaltensweisen zeigen, dass wir nicht zu dumm sind, unsere Welt zu retten. Wir leben schlichtweg in der falschen Gesellschaft, um eine Lebensweise zu pflegen, die grundlegend wäre für eine gute Zukunft. Erst wenn Respekt gegenüber Mensch, Tier und Umwelt und nicht mehr monetärer Reichtum, Rücksichtslosigkeit und eine

Rolex als Symbol für Status und Stärke gedeutet werden, gelingt uns der Wandel. Erst wenn wir das Gefühl haben, jeder Einzelne von uns ist nicht der Einzige auf dem Weg in das selbst gewählte Weniger, wird die Wende beginnen.

Auf radikale politische Restriktionen müssen wir lange warten, denn die Einflussnahme von Wirtschaftsunternehmen auf unsere Politiker ist zu groß. Auch glauben wir längst nicht mehr an eine freiwillige Selbstverpflichtung der Industrie. Die jüngsten Skandale der Automobilindustrie rund um Dieselautos und Energiewirtschaft bestätigen unsere Vermutung. Wieso aber glauben wir nach wie vor daran, uns freiwillig einzuschränken?

Wir werden uns zum Glück sanft zwingen müssen: Eine gute Zukunft braucht klare Regeln, die heute schützen, was wir morgen brauchen, und eine Gesellschaft, die Statussymbole nach Relevanz für ihr eigenes Existieren und Fortkommen definiert.

Es gibt einen weiteren Grund, der verhindert, dass wir unsere Lebensweise grundlegend ändern: unser ambitioniertes wie ambivalentes Reagieren gegenüber Missständen. Ein Beispiel: Gewalt gegen Kinder ist in unserer modernen Gesellschaft nicht nur ausnahmslos geächtet, es wird sogar geholfen, widerfährt einem Kind auf offener Straße Böses. Dabei nehmen wir weder Rücksicht auf Rangordnung oder Zuständigkeit, etwa der Eltern, noch zögern wir lange, ob wir uns selbst durch ein beherztes Eingreifen in Gefahr bringen. Zu stark ist das erlernte Handeln, Kinder, die Schwächsten in unserer Gemeinschaft, unter gemeinschaftlichen Schutz zu stellen.

Diese gesamtgesellschaftliche Einstellung ist der unermüdlichen Arbeit und konsequenten Haltung des deutschen Kinderschutzbundes geschuldet. Dieser begann anno 1953 rigoros und allumfassend, Kinder unter den verdienten Schutz zu stellen. Diese strikte Klarheit brachte die gewünschte Wirkung: Gewalt gegen Kinder wurden zum absoluten No-Go. Stellen wir uns einmal vor, was passiert wäre, wenn der Kinderschutzbund mit Parolen gestartet wäre wie: »Kinder schlagen ist schlecht, außer die eigenen«, oder aber: »Ja zu kleinen Klapsen, Nein zu harten Hieben!«.

Wir würden bis heute in unzähligen Talksendungen und Internetforen ausdiskutieren, wann ein kleiner Klaps zum großen Hieb wird und ob Kinder verwandter Familien eher zu den eigenen oder zu den fremden zu zählen sind. Wir würden bis heute Kinder grün und blau schlagen. Ohne eine ausnahmslose, strikte Haltung gibt es keine Verhaltensänderung. Genau darin liegt der Erfolg dieser Entwicklung. Und genau in derselben liegt das Scheitern heute gewünschter Veränderungen. Wir selbst sind nicht mehr empfänglich für die eine, strikte Haltung. Wir pflegen zunehmend ein sehr ambivalentes Verhalten gegenüber Missständen. Mittwochs lesen wir in der Onlineausgabe der Lokalzeitung über den Tag der offenen Tür eines Bauernhofs, und beim Anblick des Bildes steigt bereits unser Puls, und die Empörung macht sich breit. Das Foto zeigt lachende Kinder, wie sie Küken auf die Hand nehmen und streicheln. Sofort geht unsere sensibilisierte Warnleuchte an, denn Küken von der Mutter zu trennen und zu streicheln gefährdet schließlich das Tierwohl. Umgehend entledigen wir unserer Wut und setzen in allen Netzwerken Nachrichten und Tweets, Einträge und Posts mit vielen Großbuchstaben und Ausrufezeichen ab, ohne dabei die Verlinkung auf den Artikel und die Erwähnung des Namens des Bauern zu vergessen. Die zweite Eskalationsstufe ist das Schreiben eines Leserbriefs an die Zeitung. Das Ende vom Lied? Wir lesen vergnügt unseren Kommentar, schwarz auf weiß, samstags in der Wochenendausgabe, während wir unser Frühstücksei löffeln. Jenes Produkt, wofür das Kükenschreddern erst erfunden wurde, denn Hähne legen keine Eier. Das aber nehmen wir hin, denn wir hätten im Supermarkt die Wahl, Bruderkükeneier zu kaufen. Nur die wenigsten von uns sind bereit, mehr Geld in etwas zu investieren, was anderen zugutekommt. Selbst in kleinstem Rahmen. Dieser *Larifarismus,* unsere eigene inkonsequente Einstellung gegenüber Unrechtmäßigkeiten, verhindert, unser Verhalten wirksam zu verändern, denn es fehlt an strikter Haltung und konsequenter Handlung. Nicht am Wissen.

Immer wieder kursiert in den sozialen Netzwerken ein Bild, das zahlreich geteilt wird. Darauf abgebildet sind ein Magnetband und zwei kleine Spulen, die fest in ein kleines, flaches, rechteckiges Gehäuse aus Kunststoff mit Sichtfenster eingebaut sind, sowie ein gelber Sechskantbleistift. Darunter steht: »Unsere Kinder werden den Zusammenhang nie verstehen!« Beim Anblick des Fotos müssen wir selbst schmunzeln, für einen Moment, denn wir erinnern uns an unsere Kindheit und daran, als die Kassette im Rekorder hängen blieb, wir sie herausnahmen und auf die Suche nach einem Bleistift gingen. Vielleicht auch an unsere erste Liebe, die uns ein Mix Tape gemacht hat. Unsere Kinder hingegen haben keinen blassen Schimmer, worum es sich bei dem

Plastikding handelt und in welcher Beziehung beide Gegenstände zueinander stehen. Dieses Beispiel zeigt, dass über die Zeit hinweg infolge des Wandels Wissen verloren geht, weil es nicht mehr nützlich ist.

Ein weiteres Phänomen ist die schleichende Veränderung von Wissen im Lauf der Zeit. Wir wussten alle, dass das Wort »geil« als unanständig und es somit zu vermeiden galt. Rutschte es uns doch über die Lippen, wurden wir von unseren Eltern ermahnt. Heute gehört es fast schon zum guten Ton, wenn eine Sache »richtig geil« ist. Im Lauf der Zeit also hat sich der Orientierungspunkt, von welchem wir das Wort in seinem Gebrauch und den Menschen, der es benutzt, verschoben. Salopp könnte man sagen, wir stumpfen ab.

War der Tod Tausender Flüchtlinge durch das Kentern eines Boots im Mittelmeer in jeder Einzelheit ein schreckliches Ereignis, so akzeptieren viele von uns teils aus reiner Hilflosigkeit schon nach wenigen Jahren diese Geschehnisse als Normalität, als Folge von Krieg und Klimawandel. Waren vor kurzer Zeit rassistische und menschenverachtende Äußerungen ein absolutes Tabu, hören wir heute immer öfter die Rechtfertigung: »Man wird ja wohl noch sagen dürfen …« Rassismus wird salonfähig, weil sich leise und langsam Orientierungspunkte, anhand derer Umfeld und Umwelt beurteilt werden, verschieben.

Der Soziologe Harald Welzer prägte für diese Entwicklung den Begriff Shifting Baselines, eine Verschiebung unserer Grundlinien für die Bewertung. Was einst moralisch verpönt war, wird zur stumpfen Selbstverständlichkeit.

Darin liegt ein weiterer Grund, warum wir unser Verhalten nicht verändern, obgleich es dies bräuchte, um unseren Lebensraum und das Leben unzähliger Mitmenschen zu verbessern. Denn: Das Erkennen einer Verschlechterung oder eines inakzeptablen Zustands ist Grundvoraussetzung, um eine Haltung zu entwickeln, die dann unter günstigen gesellschaftlichen Voraussetzungen auch zu einer Verhaltensänderung führt. Wenn das Schlechte zur Normalität wird, entsteht kein Handlungsbedarf. Deshalb sind wir gefordert, die Verschiebung dieser Baselines im ökologischen, sozialen und auch im ökonomischen Kontext sichtbar zu machen, um überhaupt die Basis zu schaffen für eine echte Verhaltensänderung. Vorher geschieht nichts.

Wir nehmen uns jegliche Freiheit,
bis wir sie uns gänzlich nehmen.

Den letzten Verhinderer der Veränderung, den wir kennen müssen, wenn wir uns die Frage stellen, ob wir »zu dumm sind, die Welt zu retten«, ist unser ureigenes Freiheitsverlangen. Auch hier können wir eine klare Verschiebung der Bewertungspunkte feststellen, was das Ausüben unserer Freiheit betrifft.

Je mehr der Einzelne in den Vordergrund tritt, umso kleiner wird die Aufmerksamkeit für die Gemeinschaft. Je ausentwickelter und globalisierter sich der Kapitalismus entfaltet, umso rücksichtsloser gestaltet sich unser Konsum. Was wir dabei nicht bemerken: Wir nehmen uns jegliche Freiheit, bis wir sie uns gänzlich nehmen. Während endloses Wachstum absurd ist, scheint Rücksichtslosigkeit grenzenlos.

Erinnern wir uns an den Vorschlag der Grünen, die einen Veggie-Day ins Gespräch brachten und mit dieser Idee einen Schritt in eine ressourcenschonende, zukunftsgerichtete Lebensweise gehen wollten. Nun forderten sie nichts bahnbrechend Neues. Diesen fleischlosen Tag in der Woche gab es jahrhundertelang in unseren Breitengraden. Wir nannten ihn Freitag. In der Anweisung zur katholischen Bußpraxis heißt es: »An allen Freitagen [...] ist jeder Katholik vom vollendeten 14. Lebensjahr bis zum Lebensende zu einem sogenannten Freitagsopfer verpflichtet.« Fleischverzicht als Buße, als wiederkehrendes, spürbares Element auf der Zeitleiste des Lebens, das uns zum Nach- und Überdenken unseres Verhaltens anregen soll.

Man muss von Religion nichts halten, es bedarf keines Glaubens an einen Gott, um als Mensch zu erkennen, dass, Kirche hin oder her, der Grundgedanke hinter dem Veggie-Day kein schlechter ist. Weil wir aber heute den Anspruch haben, alles in vollem Maße auszuschöpfen, uns ohne Rücksicht auf Verluste nehmen, wonach uns gelüstet, und wir längst vom Glauben abgefallen sind, war die Reaktion auf den Vorschlag vorhersehbar. Die Forderung nach einem fleischlosen Tag in Zeiten der ungezügelten Freiheit kam einem Skandal gleich und wurde niedergeschrieben und abgeschmettert. Wer von uns lässt sich schon durch ein Verbot die Möglichkeit eines freitäglichen Schnitzels nehmen? Sogar vom Eingriff in die persönliche Wahlfreiheit und Selbstbestimmung war seitens der Politik wie auch von vielen Bürgern die Rede.

Unsere Vorstellung von Freiheit hat sich verändert und ebenso die Bedeutung des Selbstbestimmungsbegriffs. Wieder können wir eine schleichende Verschiebung unserer Orientierungspunkte erkennen. Diesmal aber war die veränderte Wahrnehmung unserer Freiheit kein versteckter Prozess, sondern kann ziemlich genau datiert werden. Mit dem Übergang von der Industrie- zur Dienstleistungsgesellschaft in den 1980ern veränderte sich auch unser Empfinden der Selbstbestimmung. Wir wechselten die Denkwelt gegen eine Welt der Dinge.

Eine bis dahin nicht gekannte Kundenorientierung, Produktpalettentiefe und Dienstleistungsbreite sollte Bürgern vorgaukeln, dass sie in ihrem Konsum völlig frei sind. Die amerikanische Konzeptkünstlerin Barbara Kruger brachte den Wandel 1987 auf ein Plakat: aus der bisherigen Definition unserer Selbstbestimmung, die sich in dem ersten Grundsatz des Philosophen René Descartes zusammenfassen lässt, nämlich »Ich denke, also bin ich«, wurde »I shop therefore I am« (Ich kaufe, also bin ich).

Die neue Dimension der individualisierten und breit gefächerten Konsummöglichkeiten wurde als neue Freiheit verkauft. Und: Wir haben uns kaufen lassen. Die ursprüngliche Idee, durch Eigenständigkeit und Autonomie eigene und gemeinschaftliche Lebensumstände zu gestalten, tauschten wir ein gegen das Auswählen von Produkten und Dienstleistungen. Im selben Atemzug verschwand auch das Maßhalten und Wertschätzen. Im Überfluss entscheiden wir heute nicht mehr nach verbindlich geltenden Werten, sondern konsumieren nach Kick. Was wir kaufen, muss Spaß machen, uns faszinieren und bei Laune halten. Die Lust am Vergnügen wird dabei zum wichtigsten Entscheidungskriterium.

Ob also gestern, heute oder morgen, ob die Jüngeren oder die Älteren: Wir wissen alles, empören uns gelegentlich, und trotzdem gibt es zahlreiche Gründe, warum wir nichts unternehmen. Wir sehen und realisieren die Schäden, aber sie schmerzen uns nicht. Schaden allein macht folglich nicht klug, der persönliche Schmerz nur lässt uns handeln. Diese nicht existente Betroffenheit, im opportunistischen Mantel der zivilisierten Bequemlichkeit, die uns im Schoß einer ausentwickelten Gemeinschaft überkommt, ist der Grund, warum nichts vorangeht. Weil wir in unserer kleinen Welt nicht fühlen, wie gut die große Welt schon ist, verkennen wir das beste Jetzt aller Zeiten und verspielen alle Chancen. Wir dürfen nicht weitermachen wie bisher, und dennoch tun wir es. Das Gefühl, dass der Mensch doch gescheit, die Menschheit jedoch gescheitert scheint, begräbt die Zukunft.

WUNSCHZETTEL AN DAS WIRKLICHE

Wie wir in Zukunft leben wollen, können wir uns nicht vorstellen. Wie wir ohne die Zukunft leben sollen, möchten wir uns nicht vorstellen. Eine sehr lange Zeit trug das übergeordnete Bild, das unsere Vorfahren von der Zukunft hatten, ganze Generationen zuversichtlich in die kommenden Jahre. Die Aussicht auf eine Besserung des persönlichen Lebensumstands, aber auch ein angenehmeres Dasein für die Nachkommen hielt Familien zusammen und Gesellschaften in Bewegung. Der Glaube an eine gute Zukunft gab Kraft für den Tag und Ziele für das Lebenswerk. Trotz harter körperlicher Arbeit standen unsere Großeltern jeden Tag aufs Neue auf, um den nächsten vorzubereiten.

Heute hat es den Anschein, als legten wir uns abends schlafen und stünden morgens tot auf. Heute haben wir keine Vorstellung davon, wie wir leben möchten. Zu oft richten wir unseren Blick bequem auf das Vergangene und lassen dabei jedes Mal ein Stück Zuversicht für das Kommende zurück. Vielleicht, weil es nie mehr so schön wie damals werden kann, denn schließlich war bekanntlich früher alles besser. Oder aber auch, weil das Gute bereits in der Vergangenheit einen schweren Stand hatte und dieser niemals leichter wurde.

Eines aber ist mit Gewissheit belegt: Deutschland steht im Vergleich mit allen anderen europäischen Nationen, aber auch im internationalen Kontext schlicht-weg gut da. Wir sind erfolgreich. Manche Erfolgs-zahlen wie eine stete Abnahme der Arbeitslosenquote mögen kosmetisch geschönt sein, denn nie zuvor war der Niedriglohnsektor so groß. Trotzdem muss man faktisch anerkennen: Die Zahlen sprechen die Sprache des Erfolgs. Genau diese Tatsache nährt unsere Sorgen, was unsere Zukunft betrifft. Wenn es nicht mehr bes-ser wird, weil das Generationenversprechen gebrochen wurde, kann es nur mehr schlechter werden. Dieses Gefühl, dass die Zukunft Überbringer von Verschlech-terungen ist, lässt uns in Bewegungslosigkeit verhar-ren. Alles soll so bleiben, wie es ist. Stillstand als Stabi-litätsgarant. Goethe schrieb in einen Gedichtband anno 1815: »Nichts ist schwerer zu ertragen als eine Reihe von schönen Tagen.« Nun sind es bereits mehre-re sehr erfolgreiche Jahre, und es geschieht nichts. Dies liegt auch an uns Menschen, und so dürfen wir uns über die zunehmende Veränderung unseres gesell-schaftlichen Klimas nicht wundern. »Für den Triumph des Bösen reicht es, wenn die Guten nichts tun!«, wusste einst schon Edmund Burke.

Dass wir den Blick nach dem Gestern dem Voraus-schauen auf das Morgen vorziehen, mag vielleicht un-serer Bequemlichkeit geschuldet sein. Wir mögen ein-fach keine großen Ungewissheiten. Folglich schwelgen wir lieber in nostalgischen Gedanken, als uns aufzuma-chen, in kommenden Möglichkeiten zu denken. Zu-dem kämpfen wir täglich mit den kleinen bösen Über-raschungen in der Gegenwart und versuchen, zumin-dest im Hier und Jetzt über die kleinste Einheit der Zukunft, den Tag, zu kommen. Um den Hauch einer Fortentwicklung zu wahren, richten wir unseren Blick nicht nach vorne, sondern werfen ihn bequem zur Seite, ohne uns vom Punkt zu bewegen.

Für eine umfassende Auseinandersetzung mit einem Thema fehlt uns die Zeit. Dabei ist sie über die Jahre nicht weniger geworden, wir nutzen sie nur anders. Der Siegeszug des Smartphones hat unser Verhalten komplett verändert. Während wir zuvor örtlich gebunden waren, etwas zu tun, etwa an einen PC oder Fahrkartenautomaten zu gehen, in einem Geschäft den Einkauf zu erledigen, am Küchentisch oder im Ohrensessel die Zeitung zu lesen, sind wir heute gefangen im Fluch der Flüchtigkeit des immer und überall Möglichen.

Die Frage, ob wir zukünftig analog oder digital leben möchten, sollten wir schnellstens hinter uns lassen. Wir werden das Analoge, wie wir es kannten, nicht mehr haben und ohne das Digitale, wie wir es noch nicht kennen, nicht mehr sein. Gerade deshalb müssen wir uns kritisch selbst beobachten und Maß finden. Wir haben uns selbst die Souveränität über die Zeit aufgekündigt, nennen es grenzenlose Freiheit und digitale Demokratisierung. Durch die von der Digitalisierung ermöglichte Entkoppelung von Ort und Tun verloren wir feste Strukturen, die uns lange Ordnung in den Tag brachten. Im Chaos der absoluten Verfügbarkeit laden wir immer mehr herunter und uns auf: An vielen Tagen sind wir abends alle ob des Gefühls, bei aller Umtriebigkeit nichts geschafft zu haben.

Der Philosoph Günter Anders kritisierte bereits Mitte des 20. Jahrhunderts das Gefälle zwischen der Unvollkommenheit des Menschen und der permanent wachsenden Perfektion der Maschinen. Er nannte es prometheisches Gefälle. Bis zu seinem Tod jedoch war das Smartphone und die damit verbundene Loslösung des Tuns von Ort und Zeit noch nicht erfunden. Den Unterschied in der Leistungsfähigkeit zwischen Mensch und Maschine erfuhren wir zu Beginn der Automatisierung und Digitalisierung nur an bestimmten Orten. Heute jedoch schleppen wir in unserer Jackentasche die Erinnerung daran überall mit hin, welches uns bei jedem Griff unsere menschliche Antiquiertheit vor Augen führt.

Mehr noch: Wir legen unser Menschsein in ihm ab wie blanke Daten und Fakten in einen Ordner. Wir können nicht mehr ohne unser Smartphone, und wir wollen nicht mehr ohne. Die immerwährende Konkurrenz zum digitalen Helfer und unser daraus resultierendes Verhalten machten uns fertig. Das Gefälle, das einst Günter Anders erkannte, ist zur Klippe mutiert. Das altbewährte menschliche Handlungsmuster »eines nach dem anderen« wich der digital ermöglichten Gleichzeitigkeit, dem dauernden Multitasking. Was bei Maschinen möglich ist, ist jedoch dem Menschen verwehrt. Multitasking gibt es für uns nicht. Unser Gehirn arbeitet, selbst wenn wir zwei Dinge parallel verrichten, in traditioneller Weise. Eines nach dem anderen eben. Es springt nur rasant hin und her und bekommt gerade noch die Hälfte mit.

Wenn wir unseren Umgang mit Informationen unter diesem Aspekt betrachten, verstehen wir, warum wir immer mehr wissen, gleichwohl immer weniger begreifen. Wir haben für nichts mehr einen zweiten und dritten Moment, den es benötigen würde, um zu verstehen, um das Ist mit dem Sein zu vergleichen und daraufhin konkrete Wünsche zu formulieren. Was wir regelmäßig Politik und Wirtschaft vorwerfen, begehen wir selbst in gleichem Maße, wenngleich in anderer Art: den Raubbau an unserer Zukunft. Denn aus oberflächlichen Informationen werden Halbwahrheiten. Daraus Forderungen abzuleiten ist kein Wunsch ans Wirkliche, es ist der geplante Ruf des Scheiterns und ein gefährlicher Nährboden für Dauerdiskussionen in der Endlosschleife, die mürbe machen und Resignation schüren, während uns die Zeit davonläuft.

»Schweden führt die Vier-Tage-Woche bei der Pflege ein bei vollem Lohnausgleich«, hieß es in einer Tageszeitung. Sofort geisterte durch das gesamte soziale Netz, diese Forderung ebenso bei uns, in Deutschland, umzusetzen. Niemand aber hat ernsthaft die gesamte Entwicklung verfolgt. Das nordische Land hat die verkürzte Woche nicht eingeführt, sondern getestet und nach einigen Wochen aufgrund zu hoher Kosten wieder eingestellt.

»Finnland startet das Grundeinkommen«, lautete eine weitere Meldung. Es dauerte nur einen Bruchteil einer Sekunde, schon wurden erneut die Rufe nach der Einführung eines BGE auch bei uns laut. Die ganze Information aber war, dass es sich bei dem Test der Finnen nicht um ein konzeptionelles Grundeinkommen handelte, sondern eine vereinfachte Auszahlung und Umstrukturierung von bereits existierenden Sozialleistungen. Und, wie sollte es anders sein, der Test wurde abgebrochen. Während die Befürworter eines BGE mucksmäuschenstill waren, fingen die Gegner eines bedingungslosen Grundeinkommens an, lautstark zu artikulieren, dass Zahlungen ohne Grund kein Mittel seien, um eine Gesellschaft nach vorne zu bringen. Diese Beispiele zeigen, wie wir heute mit Informationen umgehen und sie in unseren gestalterischen Diskurs einfließen lassen. Wir erkennen, weshalb wir durch die existierende Oberflächlichkeit keine tief greifenden, konkreten Wünsche an unsere Zukunft formulieren können und uns auf den altbewährten Weltfrieden berufen.

Weltfrieden geht immer. Da sind alle dafür und keiner dagegen. Die Flucht ins bequeme Ideal reicht ebenso wenig wie ein flüchtiger Blick zur Seite, um nach vorne zu kommen. Wir wollen eine Veränderung der Welt. Das ist der bisher einzig konkrete Wunsch an unsere Zukunft. Wenn sie sich verändern soll, müssen wir Zeit investieren, um uns die richtigen Fragen zu stellen, die auf Ehrlichkeit gebaut und in Wahrheit gebettet sind.

Wir sprechen permanent über New Work, nur: Was ist für uns in Zukunft Arbeit? Wie definieren wir sie? Was lassen uns Roboter und Automaten übrig? Was machen wir mit der Zeit nach der Arbeit, und damit ist nicht der Feierabend gemeint? Wir leben bereits mitten im digitalen Zeitalter, genießen die Vorzüge und deren Bequemlichkeit, nur: Was geschieht mit all den Verlierern der Digitalisierung? Wie können wir Digitalisierung konstruktiv einsetzen? Die Liste der Fragen ist eine lange, und sie konzentriert sich auf eine grundlegende Entscheidung: Wollen wir unsere Zukunft aktiv gestalten oder weiterhin permanent Schaden begrenzen? Möchten wir agieren oder reagieren? Vor der Industrialisierung sahen die Menschen die Zeit und mit ihr unmittelbar verknüpft die Zukunft als etwas Vorherbestimmtes. Wir aber sind hineingeboren in die Zeit grenzenloser Freiheit und zahlloser Möglichkeiten, verfügen über wunderbare Mittel der Kommunikation und Vernetzung, sitzen aber vor einem weißen

Blatt Papier und praktizieren gepflegte Planlosigkeit. Wir müssen nur unsere Wünsche ans Wirkliche ins Konkrete bekommen. Das ist unsere Aufgabe in dieser Zeit.

Die Zeit – in jungen Jahren vergeht sie nicht schnell genug, im mittleren Alter möchten wir sie am liebsten anhalten, und je älter wir werden, umso eher wünschen wir uns die Chance, sie zurückdrehen zu können. Vielleicht steckt darin auch ein Grund, warum uns der Elan und das Engagement für die Zukunft augenscheinlich abhandengekommen sind und wir lieber wunschlos unglücklich sind, als griffige Forderungen an die nächste Zeit zu stellen. Unsere Gesellschaft ist keine juvenile, und wir vergreisen nachweislich. Demografen prognostizieren, dass im Jahr 2050 der Anteil an 20- bis 30-Jährigen um 40 Prozent kleiner sein werde als heute.

Mit dieser Information gehen wir erneut nur halbherzig um. Während die Wirtschaft sich auf eine neue, stark wachsende Zielgruppe einstellt und fleißig an Konsumkonzepten für Senioren bastelt, um dem steten Wachstum keine Altersfalte zu verpassen, brennen im Sozialwesen allein beim Gedanken daran alle Alarmlichter durch. Der heutige Notstand an Personal im Pflegebereich wird sich, greifen wir nicht radikal mit gesellschaftlich neuen Konzepten ein, nicht nur zuspitzen, sondern implodieren.

Darüber hinaus wird das Thema Rente stets mit der sich verändernden Alterspyramide und, es sei der Vollständigkeit halber erwähnt, wegen des Verabschiedens der Jungen aus dem Generationenvertrag durch Freiberuflich- und Selbstständigkeit diskutiert. Die Rente ist nämlich alles andere als sicher, sieht unsere Altersstruktur grafisch einem Atompilz ähnlicher als dem bekannten Weihnachtsbaum.

Was nur die wenigsten im Blick haben, ist eine weitere Bedrohung unserer Gesellschaft, die in dieser Prognose steckt: Mehr ältere Menschen heißt schlichtweg ein deutlich geringeres Innovationspotenzial. Weniger neue Ideen, weniger frische Kraft, für diese einzustehen und sie zu erkämpfen. Der demografische Wandel ist die direkte, schonungslose Aufforderung an unsere Generation, unserer Aufgabe gerecht zu werden. »Was werde ich meinen Enkeln hinterlassen?« – es ist die berechtigte Frage derjenigen, die die längste Zeit ihres Lebens bereits gestalten durften. Unsere Frage hingegen lautet, wie wir unsere Gesellschaft an unsere Kinder übergeben wollen. Es ist eine Frage, ausgerichtet an der Zukunft. Diese gut zu gestalten liegt an uns. Der retrospektive Blick ist das Privileg derer, die heute in Rente sind. Wir aber dürfen nicht zurücksehen, denn das ist nicht der Weg, den wir gehen werden. Wenn wir nicht mehr vorausschauen und Wünsche an eine Zukunft formulieren, haben wir uns auch in der Gegenwart aufgegeben, denn der Beginn des Morgen liegt im Heute. Nur wenn wir das erkennen, können wir sie verändern.

**Zukunft gestalten heißt,
das Mögliche ins Wirkliche zu bringen.**

Das tägliche Leben zeigt uns, dass nicht alles möglich ist. Alles jedoch hat einen Versuch verdient. Jeder Wunsch hat eine reelle Chance auf Erfüllung, wenn wir nicht nur an ihn glauben und für ihn brennen; es hängt vor allem von unserem konzentrierten und engagierten Handeln ab, ob wir einen Traum in der Realität das Laufen lehren. Und dennoch gibt es unterschiedliche Startchancen für Wünsche.

Wir leben als atomisiertes Individuum in einer fragmentierten Gesellschaft. Kompromissbereitschaft, Fairness und Rücksichtnahme sind von uns nicht mehr erlernt, denn diese Attribute gelten in unserer Leistungsgesellschaft als Schwäche. Weil wir die Erfüllung nur eines Teils als persönliche Niederlage werten, schalten wir auf stur und schmeißen das Handtuch. Alles oder nichts. Statt den verhandelten Part als neue Startposition für das Erreichen des Ganzen zu sehen, ziehen wir uns mit leeren Händen und geplatzten Träumen zurück. Uns fehlt es an Diplomatie, um Wünsche in die Wirklichkeit zu bringen. Oftmals aber sind es genau die zusätzlichen Umwege, die Mehrmeter, die wir zurücklegen, um nebenbei auf dieser Strecke weitere Menschen erreichen und für den Weg gewinnen zu können. So erst wird aus einem kleinen Wunsch von wenigen eine große Idee, getragen von vielen. Ein Wunsch wird umso wichtiger zu erfüllen, je mehr Menschen die Sehnsucht nach ihm erfüllt. Dies schafft Druck auf die Handlungsbereitschaft derer, die am sogenannten Hebel sitzen.

Diese Tatsache erklärt auch ein weiteres Dilemma mit Wünschen in unserer Zeit: Uns geht es zu gut. Kleine Wünsche haben es schwer, zu großen Ideen zu reifen. Die Mehrheit verspürt weder materielle Nöte, noch bedrückt sie die Dringlichkeit einer Änderung. Wir leben in der Selbstverständlichkeit einer ausentwickelten Wohlstandsgesellschaft, Vollkaskomentalität inklusive.

Wie eine bessere Zukunft aussehen sollte, ist somit keine Frage, denn uns fehlt die Notwendigkeit dafür. Arthur Schopenhauer wusste schon damals, dass wir erst im Mangelzustand beginnen, uns ernsthaft zu bewegen. Das Groteske: Den einzigen Mangel, den die meisten von uns heute, wenn überhaupt, erleiden, ist der an Bewegung. Deshalb entscheiden wir uns lieber für das »Weiter so« als das »Wünsch dir was«. Auf die Idee, sich um die Probleme von Mitmenschen zu kümmern, wenn wir selbst schon im sicheren Schoß des eigenen Wohlstands keine Vision fürs Bessere haben, kommen wir nicht. Schließlich sind dies alles kleine Wünsche von Minderheiten, die uns nicht betreffen.

Wenn wir es nicht einmal schaffen, für uns selbst in Bewegung zu kommen, wieso sollten wir unsere Energie für eine Verbesserung der Lebenssituation von anderen aufbringen? Weshalb sollten wir uns als gesunder Mensch für einen barrierefreien Alltag von Gehandicapten einsetzen? Wieso müssten wir dringend unsere Stimme erheben, dass das Kindergeld nicht mehr bei Hartz IV angerechnet wird? Wozu sollten wir uns engagieren, dass Frauen den gleichen Lohn wie ihre männlichen Kollegen für dieselbe Arbeit erhalten?

Dies alles sind Wünsche von Menschen in unserer Gesellschaft, deren Erfüllung ein großer Schritt in eine gerechtere Gesellschaft wäre, allein die Realisierung würde zu wenige betreffen. Nichts aber lockt uns aus der Komfortzone, solange wir nicht selbst betroffen sind. Das altbekannte Spiel. Zivilisierung ist ein Prozess, eine Entwicklung in Kreisläufen. Wer sich in den Stillstand zurückzieht, gefährdet nicht nur das Fortkommen der gesamten Gemeinschaft, er entzweit sie auch. Wünsche, die Minderheiten betreffen, deren Realisierung aber die gesamtgesellschaftliche Entwicklung nach vorne bringt, müssen folglich ebenso mitgetragen werden. Das nährt den solidarischen Gedanken und stabilisiert ein freiheitliches Lebensumfeld.

Es ist höchste Zeit, dass jeder von uns, der komplikationslos aufstehen kann, dies tut, um für Mitmenschen mit Handicaps die gleichen Voraussetzungen im Alltag zu schaffen, die wir genießen. Es dient der Freiheit aller.

Wir müssen einstehen für eine gute Zukunft der Kinder, auch wenn es nicht unsere eigenen sind. Guter Lohn für gute Arbeit? Es gebietet die Gerechtigkeit gegenüber jedem Einzelnen. Freiheit und Gerechtigkeit sind die Säulen unserer demokratischen Gesellschaft. Jeder Wunsch, der uns näher an diese Ideale bringt, hat eine echte Chance verdient.

Nun wissen wir zwar, in welchem Leitrahmen wir unsere Wünsche ans Wirkliche entwickeln sollten, um gute Chancen auf deren Erfüllung zu haben. Allein: Was wünschen wir uns? Es fällt uns ungemein schwer, und mit jeder Minute des intensiven Nachdenkens wird es schwieriger, zu formulieren, was wir von unserer Zukunft wollen. Je länger wir darüber sinnieren, umso mehr driften wir ab ins Universelle. Mehr Respekt, mehr Menschlichkeit, mehr Weltfrieden. Weil es um die Gestaltung einer ganzen Gemeinschaft geht, übernehmen wir nur zaghaft Verantwortung und trauen uns nicht recht.

Wir fühlen uns möglicherweise überfordert ob der Größe der Aufgabe, und dennoch dürfen wir nicht aufgeben. Wenn wir das Gestalten der Zukunft nur wenigen überlassen, können wir uns nicht beklagen, dass wir keinen Platz in ihr finden. Nur durch die Zusammenarbeit von allen werden wir verstehen, ob es sich bei einer Idee um das Bedürfnis vieler oder die Begierde Einzelner handelt.

Zukunft für alle
kann nur gestaltet werden durch alle.

UNSER WIRTSCHAFTSSYSTEM –
DER KAPITALISMUS

Wenn es uns schwerfällt, Wünsche zu formulieren, hilft es manchmal, die Aufgabenstellung einfach umzudrehen. Welche Probleme möchten wir in keinem Fall mit in die Zukunft nehmen? Vor welchen Krisen möchten wir künftig verschont bleiben? Wir sind bereits ein Mensch der Moderne, wie aber wollen wir als Mensch im Morgen sein?

Unsere Wirtschaftsordnung gründet auf einem Missverständnis, das uns mittlerweile seit 150 Jahren das soziale Leben erschwert, zuweilen unmöglich macht. Wir sind Konsument und Konkurrent, Marktteilnehmer und Funktionsausführer.

Frederick W. Taylor, der Begründer des nach ihm benannten Taylorismus und Effizienz-Guru des frühen Kapitalismus, brachte es auf den Punkt: »In der Vergangenheit stand der Mensch an erster Stelle; in Zukunft muss das System an erster Stelle stehen!« Seit der Einführung seiner Idee, der industriellen Fließbandproduktion, bei der der einzelne Arbeiter nur noch einen einfachen Handgriff möglichst schnell verrichtet, gilt diese Maxime. Seitdem haben wir im Kapitalismus das Menschsein gegen das Funktionieren getauscht.

Das Zerstückeln der gesamten Wertschöpfung eines Produkts in viele einzelne Arbeitsgänge war zwar ein großer Segen, was die immense Steigerung der Produktivität und die damit einhergehende Kostensenkung der so geschöpften Güter betraf, jedoch war es mehr als fatal für die gesellschaftliche Weiterentwicklung. Das Beispiel Henry Ford zeigt es deutlich. Gerne wird der Autopionier zitiert mit den Worten: »Ich zahle nicht gute Löhne, weil ich viel Geld habe, sondern ich habe viel Geld, weil ich gute Löhne zahle!« Heute mögen wir glauben, dass Henry Ford ein echter Socialpreneur seiner Zeit war. Seine Arbeiter erhielten deutlich mehr Tageslohn und eine garantierte Achtstundenschicht.

Dies jedoch waren keine Leistungen, die dem einzelnen Arbeiter zugutekommen sollten. Es war eine fundamentale Entscheidung gegen den Menschen, für das System.

Als Ford nämlich die Fließbandarbeit einführte, verließen ob der monotonen und anstrengenden Arbeit reihenweise Beschäftigte sein Unternehmen. Sie waren es gewohnt, ein Produkt von Anfang bis Ende fertigzustellen, eine abwechslungsreiche Arbeit zu tätigen und, das ist das Wichtigste, das Erfolgserlebnis nach Fertigstellung zu genießen.

Heute wissen wir, dass wir Erfolgserlebnisse benötigen, um unsere intrinsische Motivation zu erhalten und zu fördern.

Wir brauchen dieses eine Gefühl, um von innen heraus Spaß und Freude an unserer Tätigkeit zu empfinden. Das Anziehen einer einzelnen Schraube jedoch, das bloße Ansetzen eines kleinen Bauteils verschafft uns kein Erfolgserlebnis, und unsere innere Motivation schwindet. Deshalb entschied sich Ford, Motivation fortan extrinsisch zu gestalten: über Geld. Er kaufte sich motivierte Mitarbeiter. Es war der Anfang, der unser Handeln über das Arbeitsleben hinaus gänzlich neu prägte.

Alles Tun begann mit der Abwägung, wie viel wir für das zu Machende bekommen, und nicht mehr, was wir dabei gewinnen. Ein äußerst kluger Schachzug, denn Ford wusste, dass diese Entscheidung ein Win-win-Geschäft für ihn war: Über hohe Löhne bekam er leistungsbereite Arbeiter, die sich wiederum mehr leisten können.

Über die Wertschöpfung durch Fließbandarbeit wurden die Güter, bei Ford das Auto, erschwinglich für die breite Masse. Folglich nahm er die Mehrausgaben an Löhnen als höheren Umsatz bei den produzierten Gütern wieder ein. Den Arbeitern hingegen nahm er die natürliche Motivation an ihrer Arbeit.

Die industrielle Revolution läutete nicht nur erreichbaren Wohlstand für die Masse ein, sondern auch einen radikalen Wandel in unserer Gesellschaft: Wir wurden zu Spezialisten einzelner Handgriffe und verloren unsere Handwerklichkeit fürs Generelle, wir arbeiteten verstärkt durch externe Motivation, denn innere Freude entwickelt sich nicht in immer schneller werdender Monotonie, und wir waren über die Jahre bereit, uns im Akkord für immer mehr Geld sprichwörtlich totzuarbeiten. Wir wurden zu menschlichen Maschinen.

Nun könnte man meinen, dass diese jahrzehntelange Entwicklung im heutigen Arbeitsmarkt, der zunehmend Generalisten und geistige Flexibilität einfordert, zu einem großen Problem wird.

Das aber ist nicht der Fall. Zahlreiche Branchen verlagerten ihre Fließbandarbeiter in den vergangenen 30 Jahren in sogenannte Billiglohnländer, um die unternehmerischen Gewinne zu erhöhen. Heute würde das Zitat von Ford heißen: »Ich zahle nicht gute Löhne, weil ich viel Geld habe, sondern ich habe viel Geld, weil ich schlechte Löhne zahle!« Auch könnte Ford heute Folgendes sagen: »Ich zahle nicht gute Löhne, weil ich viel Geld habe, sondern ich habe viel Geld, weil ich für Roboter bezahlte!«

Die Automatisierung und Robotisierung übernimmt in rasanter Geschwindigkeit, was menschliche Maschinen bis vor Kurzem noch verrichteten. Künftig gehört jenen, die Roboter besitzen, der Reichtum der Welt, wenn wir nichts dagegen tun. Der Taylorismus war folglich der erste Schritt in die voll automatisierte, robotergestützte Wertschöpfung. Es braucht keine hochkomplexen Automaten, um einfachste Handgriffe nachzustellen. Schritt für Schritt wird der Mensch durch die Maschine ersetzt.

Die Verlierer dieser Entwicklung in der Industrie sind jene Arbeiter in Deutschland, die ihr halbes Berufsleben als spezialisierte Produktionshelfer am Fließband verbrachten und in die Langzeiterwerbslosigkeit entlassen wurden. Für sie gibt es nichts mehr zu tun, denn die Werkbänke sind längst in Asien. Umschulungen sind immer schwieriger, denn sie erfordern auf einmal, was nicht gelernt oder abtrainiert wurde: geistige Flexibilisierung.

Professor Michael Falkenstein vom Institut für Arbeiten, Lernen, Altern untersuchte vor einigen Jahren, wie sich monotone Arbeit auf das Gehirn der Arbeiter auswirkt.

Das Ergebnis war deutlich: Das Gehirn von 50-jährigen Menschen, die ausschließlich monotone Arbeiten verrichten, altert deutlich rasanter als jenes von Kollegen, die vielfältigen Tätigkeiten nachgehen. Ein Zurück ins Berufsleben wäre heute am erfolgreichsten möglich durch das Schaffen neuer einfacher Tätigkeiten, ohne Akkord, dem Alter und der Leistungsfähigkeit angemessen. Dann aber rechnet es sich nicht mehr.

Dennoch dürfen wir der Digitalisierung und Automatisierung dankbar sein: Sie ermöglicht uns die Chance, wieder den Menschen an erster Stelle zu stellen und Einkommen von Existenz zu trennen. Die Wertschöpfung liegt in Zukunft in den Greifarmen der Roboter und nicht mehr in den Händen der Menschen.

Dieser entmenschlichte Kapitalismus hat, gerade in den letzten Jahrzehnten, zu fünf Krisen geführt, in denen wir noch mittendrin stecken. War er in seinen Anfangszeiten ein Garant für schnelles und stabiles Wachstum und, damit verbunden, steigenden Wohlstand, ist der Vorteil dieses Wirtschaftssystems mit der Zeit verloren gegangen. Das kapitalistische System war ein akzeptiertes und gutes, solange jeder Einzelne von uns ein klares »Ja« auf die Frage zur Antwort gab, ob er uns nützt.

Mittlerweile jedoch bringt die neoliberale Ausprägung immer weniger Menschen eine Verbesserung. Der ursprüngliche Effekt, die Ungleichheit zwischen Arm und Reich zu mindern, kehrt sich wieder um. Die Schere wird wieder größer. Mehr noch: Der hyperglobalisierte Spätkapitalismus stolpert von einer innerbetrieblichen Krise zur nächsten. Schuldenkrisen, Finanzkrisen, Bankkrisen, Staatskrisen, Währungskrisen – in immer kürzeren Abständen zeigt uns diese Form der Ökonomie, dass sie so nicht mehr funktioniert und in ihrer neuen, disruptiven Kraft zur Gefahr für unsere Demokratie wird.

Als Gegenmaßnahme für jede Krise wirft die Europäische Zentralbank die Druckmaschine an, und fleißig tapezieren Staaten und Institutionen zulasten der Steuerzahler die Risse zu mit neuem Geld. Frisches Geld für marodes Wirtschaften. Bis zum nächsten Beben. Wenn wir daran denken, dass bereits heute ein nicht unerheblicher Teil von uns nicht mehr in der Lage ist, Vermögen zu bilden, weil das gesamte Einkommen benötigt wird, um die laufenden Kosten in der Gegenwart zu bestreiten, riecht das nach nächster Krise.

Dem aktuellen Schuldenatlas ist zu entnehmen, dass die Überschuldung privater Haushalte in Deutschland zum dritten Mal in Folge gestiegen ist, in Jahren, in denen der Aufschwung ungebrochen war und die Wirtschaft brummte. Da wir jedoch Einkommen nur aus Erwerbstätigkeit beziehen können, jene aber heute schon knapp ist und in der ausgebauten digitalen und automatisierten Zukunft zum Luxusgut wird, mehren sich die Zeichen für eine weitere, nächste Katastrophe.

Nur: Bei aller Anfälligkeit und Fehlerhaftigkeit, bei allem Schaden, der bereits erfolgt oder künftig zu erwarten ist, den Kapitalismus lässt sich niemand mehr nehmen. Er scheint, um es in der Tradition von Churchill zu formulieren, die schlechteste aller Wirtschaftsformen zu sein, ausgenommen all die anderen, die man von Zeit zu Zeit ausprobiert hat.

Er ist also bei Weitem nicht die beste Wirtschaftsordnung, sondern nur die beste der bis zur heutigen Zeit getesteten. Weil wir uns daran erinnern, dass der

Kommunismus, das »Wir« ohne »Ich«, kläglich in seiner Ineffizienz scheiterte, sehen wir lieber zu, wie der Kapitalismus, das »Ich« ohne »Wir«, an seiner Effizienz zugrunde geht.

In einer stabilen Zukunft hat ein wackeliges Wirtschaftssystem keinen Platz – wir brauchen eine alternative Wirtschaftsform, die den Menschen an erster Stelle und das Menschsein im Auge behält, bei dem Existenz und Einkommen voneinander getrennt sind.

SCHWINDENDE RESSOURCEN

Unsere vorherrschende ökonomische Ordnung brachte uns durch ihren unersättlichen Hunger nach permanentem Wachstum direkt die nächste Katastrophe: Weil unsere Wirtschaft und damit unser Wohlstand nur dann stabil gehalten werden können, wenn es eine stete Steigerung des Wachstums gibt, begehen wir rücksichtslosen Raubbau an unseren natürlichen Ressourcen. Der EU-Kommissar für Energie, Günther Oettinger, formulierte bereits im November 2010: »The Mount in oil available globally, I think, has already peaked.«

Peak Oil, also das globale Ölfördermaximum von Rohöl, haben wir nach Schätzungen von Fachleuten längst erreicht. Erdöl ist der Motor und die Basis unserer Wirtschaft. Die Endlichkeit dieses Rohstoffs alleine würde jeden Ökonomen in das Suchen und Finden echter Alternativen treiben. Weil aber ein Wandel auf Freiwilligkeit basiert und solange das Bisherige irgendwie noch geht, geschieht dieser viel zu langsam. Nicht nur das Öl wird knapp, auch Land und Wasser samt deren verborgenen Rohstoffschätzen werden rege aufgeteilt. Wir stehlen Afrika den Boden und Asien das Meer. Obgleich wir uns in Deutschland vom geologischen Raubbau verabschieden, schmieden wir ein neues Bergbaurecht. Der Plan: Die deutsche Industrie will als erste den Weltraum ausbeuten und nimmt dabei neue Ressourcen im Universum ins Auge. Der BDI fordert seitens der deutschen Politik ein schnelles Weltraum-Bergbau-Gesetz.

All diese Exempel bestätigen eindringlich, dass es auf unserer Erde knapp wird mit Rohstoffen. Noch anschaulicher, in welcher Geschwindigkeit wir uns im Verbrauchen bewegen, zeigt der Earth Overshoot Day, der uns jährlich zeigt, wann wir das natürliche Limit eines Jahres bereits aufgebraucht haben. Trotz Green Economy und Green Deal, obwohl Bio boomt und ungeachtet dessen, dass Nachhaltigkeit mittlerweile in jedem Jahresbericht steht, erreichen wir dieses Datum jedes Jahr ein bisschen früher.

Ende Juli 2018 haben wir weltweit schon so viel verbraucht, wie die Erde im ganzen Jahr erneuern kann. Ein Jahr vorher war das Verbrauchsdatum eine Woche später. Wir verlieren, geht es in diesem Tempo weiter, jedes Jahr eine Woche, und bald schon verbrauchen wir jährlich zwei Planeten, wohl wissend, nur einen zu haben. Rücksichtslos vergeuden wir heute den Wohlstand unserer Kinder und verspielen die Existenz unserer Enkel. Als Mensch fühlen wir uns hilflos, als Kunde scheinen wir ohnmächtig. Selbst wenn wir uns darauf konzentrieren, plastikfrei zu konsumieren, scheitern wir spätestens am Kühlregal des Supermarkts. Gleichzeitig durchzieht unseren Konsum eine Halbherzigkeit.

Ein schönes Bespiel? Kaffee. Zwar nehmen wir langsam Abstand vom Coffee to go im Einwegbecher, zu Hause jedoch türmen sich die Mehrweg-Cups, weil wir sie vergessen mitzunehmen. Anstatt das Gute zu üben, scheitern wir in Perfektion. Und werden zynisch. Die wenigen Menschen, die ernsthaft und in einer nicht von der Hand zu weisenden Radikalität sich einer echten zukunftsfähigen Lebensweise verschreiben, werden gerne mit Häme überzogen.

Wir brauchen deshalb nicht nur ein wirtschaftliches Konzept zwischen Planwirtschaft und freier Marktwirtschaft, das die Förderung einer ressourcenschonenden Lebensweise beinhaltet und nachhaltiges Handeln in der Wirtschaft belohnt, wir müssen uns auch über die Umgestaltung unserer Gesellschaft Gedanken machen. Über Status, Werte und Wertschätzung.

DIE DROHENDE
KLIMAKATASTROPHE

50 Millionen Tonnen giftiger Schlamm haben Tausende Hektar fruchtbaren Boden in Brasilien begraben. Es war die größte Umweltkatastrophe in Brasilien, als in einer Eisenerzmine Dämme brachen und ein toxisches Gemisch aus Erde, Aluminium, Quecksilber und Arsen sich über den Rio Doce in Richtung Atlantik bewegte. Tagelang bewegten uns die Bilder aus der Katastrophenregion, heute aber können wir uns kaum mehr daran erinnern. Schließlich geschah es bereits 2015, und unsere Zeit ist eine schnelllebige.

800 Millionen Liter Rohöl gelangten durch die Explosion der Ölbohrplattform Deepwater Horizon in den Golf von Mexiko. Es war eine der schwersten Umweltkatastrophen dieser Art und das Resultat die größte Ölpest aller Zeiten. Nicht einmal zehn Jahre ist dieses Unglück her, aber es ist uns kaum mehr präsent. Umweltkatastrophen wie diese zeigen uns anschaulich, wie sehr unser Hunger nach Rohstoffen und ungebremster Verbrauch von Ressourcen unseren Planeten zerstören.

Wir vergiften unsere Lebensräume und ruinieren unsere Umwelt. Der Raubbau an der Natur bringt mit sich, dass unser Wetter beginnt verrücktzuspielen und sich unser Klima erwärmt. Manche Klimaforscher wünschen sich bereits, dass sie mit ihren Berechnungen und Szenarien rund um die Klimaerwärmung falschliegen.

Auch wenn nach wie vor viele Menschen, allen voran so prominente Köpfe wie Donald Trump, die Veränderung der klimatischen Bedingungen abstreiten, können wir sie nicht verleugnen. Die Treibhausgase, die bei der Verbrennung von Öl, Kohle und Gas entstehen, erwärmen unseren Planeten. Dieses Phänomen erklärt sich aus einfachster Physik, ebenso die Tatsache, dass eine höhere Lufttemperatur zu einer gesteigerten Feuchtigkeitsaufnahme und schlussendlich zu mehr Regen führt. Der Niederschlag jedoch kommt immer öfter als Platz- und Starkregen. Das Wetter wird in jeder Hinsicht extremer. Vielen Menschen wird die Lebensgrundlage durch den Klimawandel entzogen, und wir werden, das ist unbestritten, große Migrationsflüsse von Klimaflüchtlingen haben.

Wir wollen glauben, dass die Veränderungen durch den Klimawandel für uns in unseren Breitengraden glimpflich ausfallen werden, doch werden es enorme Einbußen sein. Nur an anderer Stelle als erwartet: Es wird nicht die Windhose sein, die sich als Bote des Klimawandels durch unsere gepflegten Vorgärten schlängelt, ein Tornado wird sich durch unsere Volks- wie Betriebswirtschaft fräsen. Was passiert, wenn in Südostasien gravierende Überschwemmungen geschehen und in China reihenweise Flüsse über die Ufer treten mit komplett auf Effizienz getrimmten Zuliefererketten? Sie funktionieren nicht mehr. Das vorherrschende »Just-in-time«-Konzept wird weggefegt, denn Lagerhaltung und Vorratspuffer sind längst dem Controlling zum Opfer gefallen.

Was geschieht mit uns Menschen, wenn wir, wie

prognostiziert, mit einer deutlichen Belastung der Hitzezunahme ab der zweiten Hälfte des 21. Jahrhunderts konfrontiert werden? Schon heute machen uns heiße Tage bis in den November hinein zu schaffen, und der Sommer 2018 war sowohl der heißeste als auch der trockenste Sommer seit Beginn der Wetteraufzeichnungen anno 1881. Wird es also auch bei uns deutlich wärmer, wäre es fahrlässig, nicht mit einem hitzebedingten Leistungsabfall zu rechnen. Unsere Produktivität lässt durch die steigende Wärme nach, was wir im gesamten Bruttosozialprodukt spüren werden. Um diesen Einbruch an Leistung zu mindern, werden wir aufrüsten mit Klimaanlagen und Kühlaggregaten. Wir werden einen enormen Bedarf an weiterer Energie haben, um dagegen anzukämpfen, was wir in der Vergangenheit in die Zukunft schoben.

Steigen die Temperaturen bis 2100 um gute vier Grad, können wir unsere Wintersportutensilien auf den Dachboden geben, denn alle Skigebiete in Deutschland werden schneefrei sein. Tourismusregionen werden eine Schussfahrt ins wirtschaftliche Desaster erleben, wie wir sie uns heute nicht vorstellen können. Dafür könnte der Gesundheitssektor, der seit jeher an Personalmangel leidet, einen wahren Boom erfahren. Mit zunehmender Hitze werden wir mit Problemen in der Grundversorgung konfrontiert. All das, was uns im Urlaub im Süden stört, wird heimisch, denn wir werden der neue Süden: vom Chlor im Trinkwasser bis hin zur möglichen Malaria. Höhere Temperaturen bedingen neue Krankheiten, die bis dato nur in tropischen und subtropischen Gefilden auftreten.

Es mag uns müde machen und mürbe, immer wieder dieselben Szenarien zu hören. Es wird uns aber umbringen, wenn wir die Dekarbonisierung, eine radikale Reduktion der Treibhausgase, nicht endlich einläuten.

Wir brauchen faire Rahmenbedingungen, die eine Umverteilung zugunsten derjenigen auf der Welt bedingt, die über Jahrzehnte hinweg das wirtschaftliche Wachstum und den damit verbundenen Wohlstand der europäischen Industriegesellschaften überhaupt möglich gemacht haben. Neben der Umverteilung benötigen wir klare Regeln für ein klimaschützendes Verhalten, um den nächsten Generationen etwas von der Freiheit übrig zu lassen, die wir einst im Übermaß genossen.

DIE ENTSOLIDARISIERUNG UNSERER GEMEINSCHAFT

Wir kennen es aus eigener Erfahrung: Sind unsere Abwehrkräfte geschwächt, haut uns der kleinste Schnupfen um. Unser Planet kämpft – um im Bild zu bleiben – mit steigender Temperatur, unser Wirtschaftssystem fiebert sich von Krise zu Krise, und der Rohstoffmangel wird immer größer. Unser Immunsystem muss ganze Arbeit leisten, um wieder zu gesunden. Gemeinsinn, unsere gemeinschaftliche Abwehrkraft, scheint verloren.

Der Wandel von der Industrie- zur Dienstleistungsgesellschaft, die Veränderung der sozialen Marktwirtschaft hin zum hyperglobalisierten Raubtierkapitalismus, der Abbau der Wohlfahrt wie die rasante Digitalisierung und mit ihr die einziehende Anonymität haben Deutschland zum erneuten Entwicklungsland gemacht. Wir wohnen immer enger aufeinander und sind uns fremder denn je. Wir haben immer mehr und interessieren uns für immer weniger. Mit jedem Schritt in die moderne Wohlstandsgesellschaft haben wir ein Stück Solidarität zurückgelassen. Zeiten, in denen lautstark Solidarität gefordert wird, sind stets schlechte, denn es sind Momente, in denen Mitmenschen Not leiden und unsere Aufmerksamkeit, unser Mitgefühl und unsere Unterstützung einfordern, weil wir nicht von uns aus geben.

Nun ist der Verlust von Solidarität ein vielschichtiger, den wir verstehen müssen. Je zivilisierter unsere Gesellschaft wurde, umso mehr ließ die natürliche Solidarität nach. Wir benötigen einander nicht mehr, um zu überleben. Wir müssen nicht mehr mit gemeinschaftlicher Stärke auf die Jagd, um satt zu werden. Unsere Zivilisation bietet uns auf bequeme Weise, was wir brauchen und mehr. Mit zunehmendem Wohlstand hat sich unsere Gesellschaft in ihrer Struktur verändert: Die solidarische Zivilgesellschaft wich langsam dem leistungsorientierten Individuum. Zwei Gründe waren dafür ausschlaggebend. Zum einen läutete die beginnende Globalisierung von Arbeitsplätzen das Ende der Arbeiterschaft ein, jener Gruppierung innerhalb unserer Gesellschaft, die einst, als noch vor Ort produziert wurde, die Mehrheit stellte und die Wiege gelebter Solidarität war. Heute bestreiten sie die Minderheit.

In hoch entwickelten OECD-Industrienationen wie unserer hatte die Deindustrialisierung zur Folge, dass der Anteil der Gesamtbeschäftigten im produzierenden Bereich sich innerhalb der letzten 40 Jahre nahezu halbiert hat. Ein Fünftel der Beschäftigten ist noch zur klassischen Arbeiterschaft zu zählen. Zu ihnen gesellt sich das Prekariat. Das sind die Menschen, die mit der rasanten Entwicklung des Kapitalismus und der Schnelligkeit der Moderne nicht Schritt halten können und die sozialpolitisch als Modernisierungsverlierer gelten. Holprige Lebensläufe, schlechte Schulabschlüsse und lose soziale Beziehungen werden von der Mehrheit, der versorgenden Mittelklasse, als faul, disziplinlos und ziellos gewertet. Statt Mitgefühl und Solidarität erhalten die prekär Lebenden den guten Ratschlag, dass es jeder schaffen könne, wenn er nur wolle.

Das Normativ des Neoliberalismus zerstörte unsere Gemeinschaft und mit ihr das Verlangen, füreinander einzustehen, denn uns wurde gelehrt, dass jeder Einzelne sich selbst der Nächste sein muss, um Erfolg in unserer Leistungsgesellschaft zu haben. Das Ergebnis dieses Wandels ist eine weitere Entsolidarisierung innerhalb unserer Gemeinschaft, die zudem gefördert wird durch die negative Individualisierung der Unterschicht. Weil es ihnen verwehrt wird, sich über Statussymbole und gute Arbeit, über Wohlstand, von der Masse abzuheben, drehen sie das Konzept der Einzigartigkeit schlichtweg um: Not macht erfinderisch, es lebe der Mangel. Überspitzt könnte man formulieren, dass Hartz IV gezwungenermaßen zum Lebensstil avanciert ist.

Personalentscheider unterstreichen mit jeder Bewerbungsabsage die Nutzlosigkeit des Betroffenen für den Arbeitsmarkt, fehlendes Verständnis aus der Gemeinschaft, Wertlosigkeit für die Gesellschaft. Kein Mensch jedoch ist wert- und nutzlos, allein der Glaube wächst beim Betroffenen, je öfter er das Vorurteil zu hören bekommt, findet er sich mit seiner scheinbar in Beton gegossenen Situation ab und versucht, das Beste daraus zu machen.

2009 wurde »hartzen«, die umgangssprachliche Bezeichnung für das Bestreiten des Lebensunterhalts durch Arbeitslosengeld II, sogar zum Jugendwort des Jahres. Die offen gelebte Armut und das Akzeptieren der eigenen Lebensumstände reißt das solidarische Band zwischen den Schichten vollends auseinander. Die Ikone dieses Lebensstils war lange Zeit die Figur der Komikerin Ilka Bessin, sie verkörperte »Cindy aus Marzahn«. Für Ticketpreise, die sich niemand aus der dargestellten Schicht leisten konnte, persiflierte sie auf großen Bühnen noch größere Armut. Ihre Nachbarn aus Marzahn-Hellersdorf sahen in ihr eine Heldin, die die prekäre Situation der Unterschicht in die Öffentlichkeit trug, für die Mittelschicht war es jedes Mal ein Abend voller Lacher. Gute Unterhaltung, mehr nicht.

Heute hegen wir mehr Mitleid und Solidarität für Menschen in den entferntesten Ländern als für unsere Mitmenschen in der eigenen Gemeinschaft. Während wir nach wie vor hartnäckig ans Leistungsprinzip glauben und dadurch voraussetzen, der Hartz-IV-Empfänger müsse sich nur mal anstrengen, um aus der Armut herauszukommen, überschütten wir andere mit Pseudo-Solidarität – so lange nämlich, wie diese sich nicht auf den Weg machen, zu uns zu kommen. Ebenso erhalten jene, die immer schon zu unserer Gesellschaft gehören, Mitgefühl, solange sie uns nichts wegnehmen: Alleinerziehende, Alte, Gehandicapte, Migranten und benachteiligte Kinder. Wie eine Gesellschaft mit ihren Schwächsten umgeht, so ist ihr Zustand, und so steht es um die Existenz der Solidarität.

Blickt man hinter die politischen Strukturen, lässt dieser Zustand eine einfache Sinndeutung vermuten: Konservativ-liberal orientierte Menschen gehörten seit jeher zur Leistungs- und Geldelite. Solidarität ist auf dieser Ebene ein zartes Pflänzchen, denn die Starken brauchen sie nicht. Weder die Hilfe anderer, die bei Bedarf kurzerhand gekauft wird, noch die anderen selbst. Bei politisch links orientierten Wählerschaften hingegen waren früher zwei Drittel der Unterschicht angehörig, ein Drittel entsprang der Mittelschicht. Heute, so stellten Politikwissenschaftler fest, ist es umgekehrt. Durch diese Veränderung haben sich auch die Ziele und Interessen der Linken verändert. Ihnen ist, schon allein aufgrund der fehlenden Zugehörigkeit und nicht vorhandener Berührungspunkte mit der eigentlich bedürftigen Klientel, ein gemeinschaftlich-solidarisches Einstehen für alle Schwachen deutlich weniger wichtig als das Verhindern eines drohenden Abstiegs der eigenen Gruppe: der unteren Mittelschicht. Der Gemeinsinn ist in weiten Teilen nicht mehr im Ursprünglichen zu finden. Vielmehr entwickelte er sich zum Gruppenegoismus als Abwehrstrategie. Dass so keine starke Gemeinschaft funktionieren kann, sehen wir heute, wohin wir auch blicken.

Solidarität hat etwas gemeinsam mit Heimat. Sie muss vorhanden sein, um sie nicht zu brauchen.

Solidarität ist das stille Grundgefühl im Hintergrund, das uns Sicherheit und Zuversicht vermittelt. Wenn sie fehlt, bekommen wir es mit der Angst zu tun, denn wir fühlen uns alleingelassen mit unseren Problemen und einsam. Auch wenn der Neoliberalismus Solidarität verwünscht und Krisenzeiten sie gar kriminalisiert, wir brauchen mehr Mitgefühl für unsere Mitmenschen und ein neues Wachstum an Solidarität. Beides wird gefördert, wenn wir in Zukunft beginnen, wieder mit Menschen zu interagieren, uns in unseren Lebenssituationen und Alltagen neu kennenlernen und helfen.

DIE WACHSENDE UNGLEICHHEIT

Das letzte große Problem ist die gegenwärtig wieder zunehmende, zuweilen nicht mehr erklärbare Ungleichheit zwischen Arm und Reich innerhalb unserer Wohlstandsgesellschaft. Besonders anschaulich zeigt dies die Entwicklung der Gehaltsstruktur in internationalen Konzernen. Sie sind die imposantesten Flaggschiffe des globalisierten Kapitalismus und gleichzeitig die größten Steuertrickser aller Nationen. Nach einer Berechnung des IMU (Institut für Mitbestimmung) erhielt 2017 ein DAX-Vorstand im Mittel Bezüge, die 71-mal höher ausfielen als der Durchschnitt der Beschäftigten im selben Konzern. Vorstandsvorsitzende hätten, so die Studie weiter, das 97-Fache bezogen.

Noch eindrücklicher wird es an einem konkreten Beispiel: die Deutsche Post DHL. Während der Konzern mit Vorruhestandsprogrammen unliebsam gewordene Beamte loswerden möchte und neu eingestellten Paketboten, die seit einigen Jahren nur noch bei der Gesellschaft DHL Delivery beschäftigt werden, noch geringer entlohnt, kassieren die Vorstände 159-mal mehr, der Vorstandsvorsitzende Frank Appel sogar das 232-Fache eines durchschnittlichen Beschäftigteneinkommens.

Diese Zahlen bestätigen, dass der Abstand zwischen Vorstandsgehältern und Mitarbeitereinkommen in den letzten 30 Jahren derart gestiegen ist, dass selbst den überzeugtesten Neoliberalen langsam die Erklärungen dafür ausgehen.

Die längst notwendigen sozialen Reformen in unserer Gesellschaft haben wir übertüncht mit dem Schaffen von Billigjobs im Dienstleistungsbereich. Das daraus entstandene neue Proletariat kann nicht mehr von der eigenen Arbeit leben, während das Prekariat keine Erwerbstätigkeit mehr hat und zum Hartzen verdammt ist.

Selbst die Mittelschicht ist in großen Teilen nicht mehr in der Lage, nach Abzug aller laufenden Lebenshaltungskosten in eine ständige Altersvorsorge oder einen kleinen Luxus im Alltag zu investieren. Wir haben das Gefühl, dass mit jedem Tag selbstverständliche, ja sicher geglaubte Strukturen instabiler werden.

Der Soziologieprofessor Sighard Neckel spricht vom Zerfall der Ordnung, da gerade der globale Kapitalismus »gleichzeitig drei Probleme auf einmal hervorgebracht« habe: eine ökologische Krise, stagnierendes Wachstum und eine zunehmende soziale Ungleichheit. Vielleicht mag dies auch der Grund sein, warum rechtskonservative Politiker in diesen Zeiten darauf pochen, die sprichwörtliche Ordnung wiederherzustellen. Nur: Mit denselben Rezepten, mit denen diese Struktur überstrapaziert und zersetzt wurde, lässt sie sich nicht kitten.

Möglicherweise müssen wir auch nichts mehr flicken. Die Zeichen mehren sich, dass der Kapitalismus, wie wir ihn kannten, sich dem Ende nähert. Wenn er sein Hauptversprechen, nämlich Wohlstand durch Wachstum und das Reduzieren von Ungleichheit innerhalb einer Gesellschaft, nicht mehr erfüllt, wird er überflüssig.

Gerade Gleichheit ist in Zeiten der Globalisierung unter Einbezug einer Weltgemeinschaft nicht möglich. Keine Menschenmehrheit braucht, was nur wenigen von Nutzen ist.

Wozu also wieder eine Ordnung künstlich reparieren, wenn wir gänzlich neue Ideen brauchen für das Lösen unserer Probleme? Eine postkapitalistische, digitalisierte Gesellschaft gar hat keine herkömmlichen Strukturen mehr. Sie ist dezentral, demokratisch, vielfältig und egalitär. All jene Attribute, die der Spätkapitalismus infrage stellt und erodiert, können nicht durch denselben wiederhergestellt werden.

Wenn wir ehrlich sind, und das müssen wir sein, um eine Veränderung hin zum Besseren für alle zu erreichen, ist aus der Aufstiegsgesellschaft längst eine Abstiegsgemeinschaft geworden. Der lange währende Fahrstuhleffekt ist außer Betrieb. Damit umschrieb der Soziologe Ulrich Beck den gestalterischen Einfluss des permanent wachsenden Wohlstands auf unsere Gesellschaft. Zwar ging Beck davon aus, dass sich die Einkommensdifferenzen zwischen Gutverdienern und Schlechtverdienern nicht großartig verringerten, die Verbesserungen in Bezug auf materiellen Konsum, Bildung und Freizeit jedoch alle erreichten. Mit der Zeit also wurde die gesamte Gesellschaft Etage für Etage nach oben befördert.

Heute jedoch gibt es für die deutliche Mehrheit nur mehr das Treppenhaus mit der Aussicht auf die Rolltreppe – nach unten. Die soziale Bedrohung durch die steigende Ungleichheit in Bezug auf das Individuum im privat-persönlichen Raum als auch innerhalb einer gesamten Gesellschaft lässt uns geradezu unsere Zivilisierung aufs Spiel setzen. Wenn wir uns daran erinnern, was der UN-Sozialpakt als Menschenrecht definiert hat, und vergleichen dies mit unserer gegenwärtigen Situation, werden wir diese Entwicklung zu Recht »Entzivilisierung« nennen müssen. Längst etwa diktiert uns der Markt, ob und wie wir wohnen dürfen, ob und was wir zu arbeiten haben und ob und wie soziale Teilhabe eines jeden Einzelnen von uns aussehen darf. Der Markt herrscht über uns, und das autoritär.

Die wachsende Ungleichheit vergrößert die Lücke zwischen Ideal und Realität, zwischen dem, was wir haben, und jenem, was wir gerne hätten, zwischen dem, was wir sind, und jenem, was wir gerne wären. Das macht uns krank. Eine Studie der englischen Mental Health Foundation von 2018 brachte an den Tag, dass rund 74 Prozent aller Befragten sich durch die permanent verschärfende Situation derart unter Stress gesetzt fühlen, dass sie diesem Druck psychisch nicht mehr standhalten. Ein knappes Drittel hegt, so die Studie weiter, Selbstmordgedanken.

Je größer der Abstand zwischen Arm und Reich innerhalb einer Gemeinschaft wird, umso wichtiger werden Status und Geld. Gleichzeitig erhöht diese Entwicklung den enormen Druck, den Istzustand auszubauen, zumindest aber den stagnierenden Status zu erhalten. Das schafft Unbehagen und Angst. Wir aber glauben nach wie vor, nur genug Geld verdienen und konsumieren zu müssen, um glücklich zu sein, weil wir Glück materialisiert und Zufriedenheit monetarisiert haben. Allein: Es funktioniert nicht.

Geld allein macht nicht glücklich, blindes Konsumieren nicht zufrieden. Das wissen wir, und dessen ungeachtet verfechten wir weiterhin dieses System. Nach wie vor erhalten Menschen, die einer gesellschaftlich irrelevanten bis hin zu einer schädlichen Tätigkeit nachgehen, mehr Ansehen, Status und Geld als jene, die ihre gesamte Kraft und Leidenschaft in einen Beruf stecken, der zwar gut für das Gemeinwohl ist, aber schlecht für den Geldbeutel. Fachkraftnotstand im sozialen Bereich wird sich erst ändern, wenn wir diesem Dogma entsagen. Soziale Ungleichheit lässt sich nur eindämmen, wenn wir beginnen, denjenigen Ansehen und Status zu schenken, die sich um die Gemeinschaft verdient machen, nicht jenen, die durch das Ausbeuten der Gesellschaft Kasse machen.

Der Graben zwischen Arm und Reich wird durch immer geringer werdende Ressourcen und das stagnierende Wachstum weiter vertieft. Der Kuchen ist verteilt, gekämpft wird noch um Krümel. Man muss kein Mathematiker sein, um zu verstehen, dass eine Angleichung in weite Ferne rückt, wenn immer mehr Menschen auf der Welt sich immer weniger Ressourcen teilen müssen, und dies auf unfaire Weise: Eine zunehmende Anzahl an Menschen arbeitet für immer weniger, während immer weniger arbeiten und zunehmend mehr Geld erhalten – aus Vermögen. Sie schöpfen Geld aus Geld und führen durch diese Art der »Wertschöpfung« die Ungleichheitsspitze an.

Unsere Gesellschaft driftet weiter auseinander. Den Menschen, die heute zur Mittelschicht zu zählen sind, wird der Wandel durch die Digitalisierung enorm zu schaffen machen. Es sind vor allem jene Berufsgruppen, die heute noch angenehm mit ihrem Einkommen auskommen: Entscheider und gut gebildete Wissensträger. Ob im mittleren oder oberen Bereich – über kurz oder lang wird sie dasselbe Schicksal ereilen wie viele andere Berufsgruppen in den vergangenen industriellen Revolutionen, denn der Fortschritt kennt keinen Halt. Während in den früheren industriellen Revolutionen einfache Arbeiter und sogenannte Unterprivilegierte ihren Job an die neue Technik verloren, werden es diesmal jene sein, die jeder bisherigen Revolution standhielten (und deshalb sich weiterhin an den guten Glauben der zukünftigen Existenz klammern): Buchhalter, Steuerberater, Bürokräfte, Anwälte, Beamte. Bis heute glauben viele dieser Klasse weiterhin ans Sankt-Florians-Prinzip: Auch diesmal sollen die technischen Neuerungen den anderen die Arbeit rauben und nicht ihnen selbst.

Innerhalb der sogenannten vierten industriellen Revolution, die geprägt wird durch das Zusammenführen von Systemen durch Automatisierung und Digitalisierung, werden all jene erleben, wie sich ihre Erwerbstätigkeit grundlegend verändert, wenn sie nicht gänzlich durch Computer und künstliche Intelligenz ersetzt wird. Die Wirtschaft der Zukunft wird, wenn wir weiterhin ohne klare Regeln für eine humane Digitalisierung agieren, nur noch Menschen benötigen, die im gewünschten Bereich dem Computer überlegen sind.

Erinnern wir uns an Garri Kasparow. Für die Älteren unter uns war er Wunderkind des Schachs, den Jüngeren wird nicht einmal sein Name geläufig sein. Googelt man ihn, finden wir als Berufsbezeichnung auf Wikipedia »Autor«. Mit 16 Jahren bereits gewann er den Internationalen Meistertitel und schaffte es fortan bei jedem großen Sieg in die Nachrichten. Knapp 20

Jahre später erst wurde Kasparow in einem wichtigen Turnier besiegt. Der Name seines Gegners? Deep Blue. Eine Maschine. Ein Computer. Mit dieser Niederlage schwand auch das Interesse am Schach spielenden Menschen Kasparow.

Die fortschreitende Digitalisierung und Entwicklung der künstlichen zu einer wirklichen Intelligenz durch neuronale Netze wird Hunderttausende Nutzlose aus dem Arbeitsmarkt spucken. Wir vertrauen Wirtschaftsweisen, die sich sicher sind, dass für jeden verlorenen Job ein neuer entspringen würde. Schließlich wäre dies in historischer Betrachtung ebenfalls immer so gewesen. Diesmal aber ist die Herausforderung eine völlig neue, für die es keinen vergleichenden Blick in die Vergangenheit gibt. Es ist keine Kunst, neue Jobs zu schaffen. Die Kunst wird darin liegen, neue Berufe zu kreieren, die Menschen überzeugender erledigen können als Algorithmen und Automaten. Alles andere wird in einer Neo-Prekarisierung enden und Ungleichheit in unvorstellbarem Ausmaß mit sich bringen.

Als Beispiel dient in anschaulicher Weise der einfache Beruf des Kassierers im Einzelhandel. Mit Hochdruck arbeiten stationäre Handelsketten ebenso wie der globalisierte Plattformriese Amazon daran, diesen Vorgang zu automatisieren. Als Übergang, um den Kunden bereits vom menschlichen Kontakt an der Kasse zu entwöhnen, finden wir zunehmend Self-Service-Kassen mit Scanfunktion. In wenigen Jahren bereits werden wir nur noch durch eine Schleuse gehen und per App die Artikel »one click« bezahlen. Ein Großteil der ehemaligen Beschäftigten an den Kassen wird seinen Job verlieren. Immerhin wird ein kleiner Teil noch gebraucht: abends, zum Einräumen der Re-

gale. Diesmal aber zu Gehaltskonditionen im Logistik-
bereich und nicht zu »teuren« Einzelhandelskonditio-
nen.

Ein weiteres Exempel, diesmal aus der Versiche-
rungsbranche. Schon heute entlassen Versicherungs-
konzerne reihenweise Mitarbeiter, da ganze Abteilun-
gen, wie etwa die der Schadensregulierung, durch
künstliche Intelligenz übernommen werden. Anhand
einer Falldatenbank entscheidet der Algorithmus, ob
das eingegangene Schadensprotokoll glaubwürdig ist
oder nicht. Ein automatisierter Serienbrief mit der Ab-
lehnung oder der Kostenübernahme wird direkt digital
zugestellt.

Sachbearbeiter kommen nur noch dann in Aktion,
sollte es einen strittigen Fall geben. Bekanntlich strei-
ten wir uns in den seltensten Fällen mit Versicherun-
gen, da die Aussicht auf Erfolg auch in Zukunft ge-
trübt sein dürfte. Künftige Berufsbilder müssen also so
konzipiert sein, dass wir Menschen darin besser sind
als unser digitales Derivat. Als ob diese Einschränkung
nicht schon schwer genug wäre, kommt hinzu, dass
der Mensch selbst in der Verfassung sein muss, sich der
künftigen Rasanz immer kürzer existierender Berufsbilder anzupassen.

Wir werden uns in immer kürzeren Perioden neu er-
finden müssen. Vielleicht bleibt uns nicht einmal mehr
die Zeit des ausgiebigen Lernens, denn schon heute
sind die Halbwertszeit digitaler Tätigkeiten und die
dadurch resultierte Ausbeute an Erfahrungen deutlich
geringer als die der traditionellen Berufe.

Seit Jahrtausenden hält sich das Bäckerhandwerk,
ein paar Hundert Jahre bereits gibt es den Postboten,
aber Mediengestalter/-in Non-Print? Wer vor 20 Jah-

ren diesen Lehrberuf ergriffen hat, wird sich bald schon umorientieren müssen, denn seinen Bereich übernimmt Schritt für Schritt neue Software. Der Beruf des Social-Media-Managers wurde vor ungefähr fünf Jahren aus der Wiege gehoben und wird in weniger als fünf Jahren zu Grabe getragen. Influencer? Bis wir mitbekamen, was überhaupt ihre Aufgabe war, wurde die Tätigkeit bereits begraben …

Automatisierung und Digitalisierung also bringen für die meisten Betroffenen Erwerbslosigkeit oder eine Verschlechterung der eigenen Einkommenssituation mit sich. Nur die wenigsten werden einen neu geschaffenen Job finden, den sie besser ausführen können als ein Computer. Das ist die harte Wahrheit, die niemand hören will, oder nicht verstehen kann, weil der digitale Fortschritt und mit ihm das Gute wie Schlechte, das er mit sich bringt, schlichtweg unvorstellbar für unser Hirn sind. Nur: Hätten wir vor 20 Jahren gedacht, dass wir unsere Tickets online buchen werden? Dass wir weltweite Shoppingtouren vom heimischen Sofa aus tätigen werden? Dass wir, über Tausende Kilometer getrennt, von Angesicht zu Angesicht videotelefonieren können?

Weil wir noch damit beschäftigt sind, die Utopien der Vergangenheit in unserer Gegenwart zu akzeptieren, verfügen wir nicht über die Vorstellungskraft, die wir bräuchten, um zu erahnen, was in der Zukunft auf uns wartet.

Der Wunsch an die Zukunft muss also ein klares Bekenntnis gegen Ungleichheit in unserer Gesellschaft beinhalten. Was wir erreichen müssen, ist eine soziale

Reform und Weiterentwicklung des Wirtschaftssystems. Die bringt eine radikale Umverteilung mit sich, ebenso wie eine völlig neue Definition von Status und Ansehen. Wir hören schon die von Verlustängsten geplagten Kritiker und Skeptiker, die heutigen Nutznießer des unfairen Systems, »Gleichmacherei« schreien.

In der Politik wird sehr oft, und leider zu Unrecht, Gleichheit als Inbegriff von Gerechtigkeit gesehen. Wir alle kennen die Forderungen nach gleichen Chancen, gleichem Einkommen, gleichen Startbedingungen – diese Gleichheit soll dann Gerechtigkeit herstellen. Nur: Jeder Mensch ist, wie seine individuelle Lebenslage und seine Bedürfnisse, einzigartig. Gleiche Möglichkeiten oder ein gleiches Einkommen werden nie zu einem gleichen Empfinden von Gerechtigkeit führen. Jeder von uns hat einen individuellen Anspruch an sein Leben und benötigt ein individuelles Maß an Freiheit. Einige von uns nutzen jede Gelegenheit, andere zögern und zaudern. Gleichheit und Ungleichheit sind untrennbar miteinander verbunden. Wir dürfen nicht nach absoluter Gleichheit streben, denn das würde uns Menschen als Individuen nicht gerecht.

Wir brauchen einen Rahmen an Egalität, der klar sichert, dass die herrschende Ungleichheit die übergeordnete Gerechtigkeit gegenüber allen nicht gefährdet.

Unser Wirtschaftssystem, der Klimawandel, Ressourcenknappheit, Entsolidarisierung und Ungleichheit – all diese Herausforderungen gilt es, gemeinsam in der Zukunft zu meistern. Dann wird sie zu einem guten Ort für alle. Als wir von der Denkwelt in die Dingwelt wechselten, haben wir vor lauter Konsumieren vergessen, unsere Wünsche ans Wirkliche zu formulieren und zu verfolgen. Wir stehen nun wieder an einem Scheidepunkt, kurz vor Betreten einer neuen Welt: der Datenwelt. Diesmal aber dürfen wir nicht versäumen, unsere Wünsche zu artikulieren und dafür zu kämpfen, sie zu erreichen. Sonst wachen wir auf in einer neofeudalen Oligarchie von Technokraten.

WELTRETTEN MUSS SPASS MACHEN

Wer Probleme in die Zukunft schiebt, weiß genau, was dort auf ihn wartet. Das Vertagen von Herausforderungen hat den kommoden Vorteil, dass sie erst einmal weg vom eigenen Tisch sind und das alltägliche Leben nicht mehr beeinträchtigen. Gleichzeitig hat dieser Umgang mit Aufgaben einen großen Haken: Wir überlassen das Lösen unserer gegenwärtigen Probleme jenen, die am wenigsten dafürkönnen. Unsere Kinder und Enkel werden geboren mit einer Bürde, die wir schon heute kaum tragen können: ein kaputtes Wirtschaftssystem, eine zersetzte Gesellschaft, ein ruinierter Planet, ein erodierendes Europa und, zu allem Überfluss, ein längeres Leben als das unsere. Wenn wir unseren nachkommenden Generationen eine bessere Welt übergeben möchten, ist es höchste Zeit, konsequent und radikal zu handeln, denn wir sind dabei, aus unserer wunderbaren Welt einen Scherbenhaufen zu machen, da wir auf allen erdenklichen Ebenen Porzellan zerschlagen.

Erinnern wir uns: Niemand kann mehr behaupten, er wisse nicht von all den Missständen auf der Welt, und dennoch bewegt uns nichts zum Handeln. Ein allmählicher Wandel wird, so lehrt uns die Geschichte, nicht stattfinden. Es braucht stets eine radikale Änderung im Normativen, einen Zwang von außen, etwa einen

Krieg oder Katastrophen, um uns Menschen zum Umkehren zu bewegen.

Der Krieg nimmt, was der Frieden beschert, heißt ein altes Sprichwort. Wenn wir unsere heutige Situation dahin gehend überprüfen, werden wir feststellen, dass wir uns in einem kriegsähnlichen Zustand befinden: im Verteilungskampf um Ressourcen und mitten im Verteidigungsgefecht für unseren Wohlstand. Wir verlieren mit jedem Tag, was uns 74 Jahre Frieden gebracht haben: Vertrauen, Freiheit, Sorglosigkeit und Sicherheit. Der Krieg hat seine Gestalt geändert, und wir scheinen ihn deshalb nicht zu erkennen.

Längst ist die soziale Bedrohung durch die zunehmende Ungleichheit eine gesellschaftliche Notsituation geworden, wir aber handeln nicht. Nichts drängt uns, weil jeder von uns vermeintlich genügend Freiraum und Alternativen wähnt. Es bleibt nur ein Ausweg: Wenn Krieg und Not ein unbekanntes Gesicht zeigen, müssen wir auch anders reagieren. Waren es historisch betrachtet stets Einwirkungen von außen, die uns zum Handeln zwangen, müssen wir uns nun von innen heraus anhalten, das Richtige zu tun. Wir müssen uns zur Zukunft zwingen und einen Rahmen schaffen, der diese Strategie erfolgreich werden lässt. Nun ist Zwang das letzte Mittel, denn er beeinträchtigt möglicherweise die absolute Freiheit und uneingeschränkte Selbstbestimmung eines jeden Individuums.

**Wenn es um die Zukunft aller geht,
ist individuelle Freiheit ein hohes Gut,
Gemeinwohl jedoch ein höheres.**

Die Notwendigkeit, uns zur Zukunft zu zwingen, zeigen die Ergebnisse aus vielen Jahren liberaler Freiwilligkeit. Auf den Punkt gebracht: Nach wie vor leisten wir uns viel und billig, weil anderswo Menschen für unseren Konsum viel und billig leisten. Es tut sich nichts, außer wir tun es. Mit Freude und Spaß. Nie standen die Chancen besser als zur Stunde, denn wir sind eine ausentwickelte, nahezu gelangweilte Spaßgesellschaft. Diese Erkenntnis müssen wir nutzen.

Vorneweg sei verraten: Die Spaßgesellschaft ist keine Erfindung der privaten TV-Medien. Das Fernsehen hilft mit »Dschungelcamp« und »Bachelor« zwar mit, dieser einen einschlägigen Ruf zu verpassen, jedoch hat das Konzept eine lange Tradition: War sie einst nur wenigen Adligen am Hofe vorbehalten, ist sie heute für alle da. Die Spaßgesellschaft wurde, wie viele andere Bereiche unseres Lebens, im Lauf der Zeit demokratisiert. Knapp 400 Jahre dauerte die Evolution von der hoch geistigen höfischen Variante im Hause Ludwigs XIV., des Sonnenkönigs, bis hin zur niederen Spaßgesellschaft in Mallorcas Bierkönig. Dazwischen finden wir viele verschiedene Ausprägungen an Freude und Fröhlichkeit, denn wir sind Spielkinder. Das Spielen und der Spaß am kreativen Tun sind tief in uns verankert.

Wenngleich wir im erwachsenen Alter nur noch selten zum Spielen kommen, tun wir es gerne. Dies mag uns auch einen Nachweis dafür geben, warum die bisherigen Bemühungen, Missstände zu lösen, nicht so recht gelungen sind. Der moralinsaure Zeigefinger ist die schlechteste Marketingstrategie, dabei ist das Rezept so einfach: Weltretten muss Spaß machen – sonst macht es keiner. Wir müssen Freude daran empfinden, gute Laune dabei haben und, ein wichtiger Aspekt, dafür etwas bekommen, um motiviert zu bleiben, weiterzuspielen.

Für jede spielerische Aktivität erwarten wir eine Belohnung, eine Änderung im Status oder etwa neue Herausforderungen, die im Schwierigkeitsgrad höher gestaltet sind als die abgeschlossenen und bereits gelösten Aufgaben. Nur in den seltensten Fällen ist es Geld, das wir als Gegenleistung fürs Spielen erwarten. Vielleicht, weil Schiller recht hatte, als er schrieb: »Der Mensch spielt nur, wo er in voller Bedeutung Mensch ist, und er ist nur da ganz Mensch, wo er spielt.« Wo wir ganz bei uns selbst sind, braucht es keine äußeren Lockmittel. Wir selbst verfügen in dem Moment der Tüftelei über die innere Motivation, die es benötigt, um zu spielen, weil wir es genießen. Ebenso, weil wir wissen, dass ein erspieltes Erfolgserlebnis ein kleines Feuerwerk in unserem Hirn zündet: Das Belohnungssystem schüttet eine Portion Glück aus, und wir fühlen uns gut. Gleichzeitig fördern wir durch dieses Verhalten unsere intrinsische Motivation. Jenes Verhalten, das uns antreibt, aus eigenem Willen und freier Selbstbestimmung etwas zu tun.

Wenn wir also den Zwang zur Zukunft als spielerischen Spaß gestalten, kann ein Wandel funktionieren. Innerhalb einer solchen Strategie nämlich gelingt es uns, große Probleme in viele kleine, kurzfristige und somit erreichbare Ziele zu zerlegen und die Motivation durch sofortige Belohnungen hochzuhalten, weiter am großen Ganzen zu »spielen«, ohne uns dabei zu überfordern oder gar daran zu scheitern.

Diesen Mechanismus nennt man in der Soziologie »immediate gratification«, und er war einst gerade bei den arbeitenden, gering qualifizierten Klassen eine übliche Methodik in der Arbeitswelt. Der Tagelöhner erhielt am Ende seiner Schicht die direkte Entlohnung für seine Leistung. Das unmittelbare Erfolgen eines positiven Effekts hielt die Motivation hoch. Die oberen Klassen hingegen wurden gelehrt, die Belohnung aufzuschieben und den Vorteil zu einem späteren Zeitpunkt zu erhalten. Ziele also konnten längerfristig gesteckt sein. Sie haben gelernt, dass ihrem Handeln nicht ein unmittelbarer Bonus entspringen muss.

Diese Tatsache verrät uns auch, ganz nebenbei, weshalb eine Verhaltensänderung hin zur nachhaltigen Lebensweise gerade bei Anhängern der grünen Partei besser funktioniert als bei anderen. Ihre Wählerschaft besteht in großen Teilen aus Bildungsbürgern mit hohem Einkommen. Aufgrund ihrer Herkunft und Prägung sind viele von ihnen in der Lage, einem langfristigen Ziel durch sinnvolles Handeln zu dienen, ohne sofortige Gratifikationen zu erwarten. Und dennoch: Über eine direkte Belohnung freut sich jeder von uns. Das hat die Wirtschaft längst erkannt und nutzt verschiedenste Spieltypen, um uns als Konsumenten bei Laune zu halten: über einfache Rabattmarken, die wir kleben und sammeln, Kronkorken-Glücksspiele mit Auslosung im TV, Bonuskarten und Meilen-Konten. Wir werden zum Premium-Kunden, wenn wir besonders oft oder überdurchschnittlich viel kaufen. Wir spielen uns neue Konsumlevel frei und werden zum Shopping-King of the day.

Auch in der Arbeitswelt haben spielerische Elemente längst Einzug gehalten, um Motivation zu fördern. Wer von uns erinnert sich nicht an den goldenen Rahmen im Fast-Food-Restaurant, in welchen alle vier

Wochen ein neuer Mitarbeiter des Monats ausgelobt wurde? Wie weit ist der Fortschrittsbalken im aktuellen Projekt, und wie viele Bonuspunkte fehlen dem Team noch für den Wochensieg?

All diese kleinen psychologischen Tricks, die nun auch in unserer digitalisierten Arbeitswelt Einzug halten, sind millionenfach auf ihren Erfolg getestet: von Computerspiel-Spielern. Von uns. Hersteller von Games arbeiten mit unterschiedlichsten Formen der direkten Belohnung, um die Spieler zum Weiterspielen zu animieren. Und diese funktionieren. Wir können nicht anders, als morgen unsere Felder auf der Farm zu leeren, denn es erwartet uns dafür der neue Schweinestall. Wir müssen unbedingt noch ein Rezept bis Sonntag in die Koch-Community einstellen, dann gibt es den längst ersehnten Goldenen-Kochlöffel-Status.

Selbst außerhalb des eigentlichen Spielrahmens hat die Gamifizierung in unserer Gesellschaft Einzug gehalten, nicht zuletzt durch den Siegeszug des Smartphones. Wir checken via Foursquare ein am jeweiligen Standort und verteidigen im Lieblingslokal durch den häufigen Besuch unseren »Stammkunden-Status« in Form eines digitalen Bürgermeistertitels. Fehlende Morgenmotivation für die Laufrunde holen wir uns, indem wir unsere Aktivität in Realtime ins Netz streamen und uns von anderen anfeuern lassen. Wir posten unser Essen auf Instagram für ein Herzchen und unsere Tierbilder auf Facebook für einen Daumen. Wir tun die verrücktesten Dinge, für Anerkennung. Das alles machen wir freiwillig, weil wir direkte Belohnungen dafür erhalten. Und weil wir Spielkinder sind, von Natur aus.

Wenn wir nun einen kurzen Blick nach China werfen, müssen wir zusehen, wie die wunderbaren Möglichkeiten der Digitalisierung von einem totalitären Staat missbraucht werden. Die Bürger werden in Zukunft innerhalb eines »Social Credit Systems« geführt. Fehlverhalten, also Handlungen, die den Vorstellungen des Regimes nicht entsprechen, werden mit Minuspunkten, gutes Betragen mit einem satten Plus verrechnet. Der Punktestatus ist mit Möglichkeiten und Freiheiten ebenso wie mit Bestrafungen und Restriktionen des Einzelnen verknüpft. Aufgrund der fortschreitenden Entwicklung im digitalen Bereich ist es möglich, selbst von kleinsten Aktivitäten eines Individuums Daten zu sammeln und diese über intelligente Softwaresysteme zu einem umfangreichen Datensatz pro Bürger zusammenzufassen.

Der gläserne Mensch ist längst Realität, nur ist er für uns, die wir kaum Einblicke in die hochkomplexen Vorgänge der Datensammler und -verwerter haben, nicht sichtbar.

Was in China derzeit geschieht, muss uns als abschreckendes Beispiel aufwecken: Niemand von uns möchte in einer digitalen Erziehungsdiktatur leben. Gleichzeitig darf uns diese Entwicklung nicht entmutigen, dass in der digitalen Vernetzung der Menschen die größte Chance in jüngster Zeit steckt, den Wandel hin zu einer guten Zukunft hinzubekommen. Deshalb müssen digitale Strategien von uns Bürgern mitentwickelt werden, und Plattformen wie Peripherie gehören in unser aller Hände.

Datenhandlung muss ein Teil unserer Daseinsvorsorge werden, und jeder Einzelne von uns muss das alleinige Recht seiner Identität und Daten innehalten.

Dann können wir aufhören, unsere Zukunft zu verspielen, und beginnen, sie zu erspielen. Zukunft wird zum guten Ort, wenn wir wieder mit dem Spielen beginnen. Denn Zukunft ist der Ort, an dem wir, frei nach Schiller, wieder in voller Bedeutung ganz Mensch sind.

ZUKUNFT

übermütig
lasst uns sein
damit nach dem
rendezvous mit der realität
genügend übrig bleibt
an mut.

Betäubt vom Lärm der umgebenden Welt glaubten wir weiter an die große Revolution, allein sie kam nicht. Es fehlte das Formular dazu. Wir alle waren zu träge geworden, vielleicht auch zu mürbe, um uns zu bewegen, etwas in die Hand zu nehmen, außer unser Smartphone, durch das wir erfuhren, was Algorithmen uns vorwarfen. Gefangen in unserer Filterblase, verfolgten wir gespannt die Schlagabtausche großer Denker in den Medien, gebannt sahen wir auf die Politik und deren nächste Schritte. Links schob uns der Fortschritt, rechts umklammerte uns der Rückschritt, und wir verfielen in eine statische Schockstarre in der Senkrechten.

Einige wenige gründeten Initiativen und kleine Parteien, um aktiv an der Veränderung zu arbeiten, Probleme zu lösen, doch sie scheiterten, denn unsere Demokratie litt seit Jahren an akutem Pflegenotstand. Unser Parteiensystem funktionierte nicht mehr so gut, wie wir glauben mochten.

Bereits nach der letzten Wahl war sichtbar, dass die jahrelang funktionierende Struktur im Lauf der Zeit zu Grabe getragen wurde. Das Pendel zwischen einer rot-grünen und schwarz-gelben Regierung steht still. Es war der Stabilitätsgarant der liberalen Demokratie: Einige Jahre übernahm Mitte-links die Regierungsaufgaben, bis sie beim Volk in Ungnade fiel. Darauf folgten einige Jahre Mitte-rechts, bis jene dasselbe Schicksal ereilte, und wieder von vorne. Mit der der Großen Koalition 2013 begann der Traum aller Populisten: die Chance auf Extremismus. Es war ein Leichtes, unzufriedene Wähler mit einem einzigen Argument für sich zu gewinnen: Wer Veränderung will, muss extremistisch wählen. Schließlich waren die etablierten Parteien regierungsbeteiligt und standen somit nicht zur Wahl, ging es um einen radikalen Wandel.

Wer über lange Zeit miteinander ein Land lenken muss, verliert von Koalitionsverhandlung zu Koalitionsverhandlung sein Profil und mit ihm die erkennbaren Unterschiede für die Wählerschaft. Um Wähler wieder zu gewinnen, sahen die Regierungsparteien nur eine Lösung: Gleiches mit Gleichem ahnden. Populismus mit Populismus zu begegnen, auf allen Ebenen der Politik – lokal, regional, landesweit und bundesweit. Ohne Not hingen auf einmal in Amtsstuben Christuskreuze, ohne Grund gab es wieder verschärfte Grenzkontrollen, ohne Abstimmung schrieb der Innenminister Briefe ans Ausland.

Das Schlimmste jedoch: Ohne Rücksicht auf Verluste wurde der Rechtsstaat missachtet und damit die gesamte freiheitliche Demokratie infrage gestellt. Öffentlich beklagten Verwaltungsrichter das Missachten ihrer Urteile durch die Bundesregierung. Die Gewaltenteilung war eingeführt worden, um Macht zu begrenzen und Freiheit zu garantieren.

Das Übergehen der Judikative war nur ein weiterer Schritt ins Extreme: Während immer mehr Menschen das demokratische System in ihren Grundwerten gefährdet sahen, erhielten autoritäre Regierungssysteme wachsenden Zuspruch, weil es den Populisten gelang,

Lösungen auf echte Probleme zu versprechen. Zwar waren, im Nachhinein betrachtet, alle Versprechungen schlichtweg falsche Lösungen, gleichwohl die richtigen, um in ihre Verkünder blindes Vertrauen zu setzen. Zu oft verpflichteten sich etablierte Parteien für die Inangriffnahme drängender Probleme, zu sehr verwässerten Koalitionskompromisse und Fraktionszwänge die Ergebnisse. Die »Nein, weil«-Regierung, getrieben von Populismus, prägte uns: Wir wurden eine »Ja, aber«-Gesellschaft.

Wir begannen, unsere zivilisatorischen Errungenschaften aufzukündigen, indem wir über Grundwerte unserer Gesellschaft diskutierten: Darf man Menschen in Seenot retten, oder soll man sie ertrinken lassen? Dürfen arme Menschen Kinder bekommen? Gehören Erwerbslose in Zwangsarbeit geschickt? Wir woben uns einen Kokon aus Zukunftsängsten, weil wir ergebnislos altbekannten Fragen aus dunkelster Vergangenheit eine Renaissance erlaubten, statt uns gemeinsam Hoffnung zu geben.

Während die Politik dem Populismus aufsaß, haben die Medien, das Kontrollorgan der freien Demokratie, in einer Zeit, in der sie wichtiger denn je gewesen wären, ebenso 25 Jahre lang eine falsche Strategie verfolgt. Es war das Konzept des Plattformkapitalismus. Viele Jahre vor dem Entstehen der Internetgiganten wie Amazon und Google gab es ihn bereits. Die Medienhäuser waren sein einziger Repräsentant und verstanden dabei den eigenen Markt nicht.

Als das Internet zunehmend relevant für Reichweite und somit die Verbreitung von Inhalten wurde, war der Fehler schon passiert: Weil die Medienhäuser zu Beginn der Entwicklung keine ernsthafte Strategie der

Kommerzialisierung für den digitalen Raum hatten, ebenso wenig Know-how und Fachkompetenz im digitalisierten Bereich, und die aufkommenden Konkurrenzplattformen wie Facebook und Google vollkommen unterschätzten, begann man die eigene Position durch das Onlinestellen von kostenlosen Artikeln aufzubauen.

Die Gratiskultur des Internets war geboren, gleichzeitig starb mit ihr die Wertigkeit und Wertschätzung von Journalismus. Es dauerte Jahre, bis sich einzelne große Medienhäuser eigene Onlineredaktionen leisteten und kostenpflichtige Angebote ins Internet brachten. Es waren jene, die vom Zeitungssterben, das unzählige kleine Lokalzeitungen, aber auch große Blätter wie den *Rheinischen Merkur,* die *Financial Times Deutschland* und die *Münchner Abendzeitung* in die Insolvenz trieb, verschont blieben. Alle Anstrengungen aber halfen nichts, denn der Wandel bei uns Mediennutzern war bereits vollzogen. Wir bekamen unsere Nachrichten fortan von Google, Facebook und Twitter.

Der erneute Konkurrenzkampf um Leserschaft ließ selbst seriöseste Medien die Grundregeln des guten Journalismus über Bord werfen: Immer öfter kam es darauf an, der Erste zu sein, der die Nachricht publizierte, nicht derjenige, der die richtige Nachricht veröffentlichte. Auf +++ EIL +++ folgte oftmals die berichtigte Korrektur, die kaum mehr Leser erreichte. Eine Wirkung hatte diese Arbeitsweise der Medien: Sie verspielten zunehmend ihr Vertrauen und säten selbst den Nährboden für *Lügenpresse* und *Fake News.* Während sich die deutschen Presseverantwortlichen um ein Leistungsschutzrecht für Presseverleger im EUweiten Raum abmühten, begann Facebook mit der Komplettdemontage unserer eh schon bröckelnden Demokratie.

Im Januar 2013 manipulierte Facebook eine Woche lang die eingeblendeten Nachrichten und Posts auf dem Newsfeed von knapp 700 000 Nutzern zu Studienzwecken. Das Ergebnis brachte zutage, dass Nutzer, die vermehrt mit guten Nachrichten konfrontiert werden, selbst eher auf positive Informationen reagieren und diese veröffentlichen. Wissenschaftler sahen darin bereits den experimentellen Beleg der emotionalen Manipulation von Nutzern durch die Herrschaft von Algorithmen. Längst hätten die politischen Verantwortlichen Handlungsbedarf sehen müssen, aber sie ließen tatenlos zu, dass unser soziales Wesen nicht mehr den Gesetzen der Natur unterlag, sondern durch Routinen von Programmierern gelenkt und beeinflusst wurde.

Erst 2017, als Facebook erneut die Nachrichtenleiste von Nutzern in Ländern wie Serbien, der Slowakei, Bolivien, Kambodscha und Guatemala manipulierte, wurden Regierungen langsam hellhörig, denn der Journalist Stevan Dojcinovic rief in der *New York Times* in lauter Headline: »Hey, Mark Zuckerberg: My Democracy isn't Your Laboratory« – meine Demokratie ist nicht deine Versuchsküche. Genau das aber schien es zu sein: Die großen Plattformen wie Facebook und Google nutzen unsere Demokratien als Versuchsküche für psychologische Spielchen mit ihren Laborratten. Mit rund 2,2 Milliarden monatlichen aktiven Usern. Mit uns.

Doch nicht nur aktives Manipulieren von gesellschaftlich relevanten Inhalten macht Facebook und

Google zu einer Bedrohung unseres politischen Systems. Wenn man bedenkt, dass diese Plattformen sogenannte Content-Moderatoren beschäftigen, deren Aufgabe es ist, Inhalte, die nicht den Grundsätzen der jeweiligen Plattform entsprechen, zu löschen, kommt zur Manipulation die Zensur hinzu, und die steuert Meinungsbildung. Unzählige Moderatoren entscheiden von Manila aus, was ein User in München oder Berchtesgaden sehen darf – und was nicht. Was also Nutzer dieser Plattformen glauben und denken, hängt folglich davon ab, was philippinische Cleaner gut finden oder wovor sie uns schützen möchten. Dass solche Entscheidungen an private Firmen ausgelagert werden, müsste uns User langsam als Mensch und Teil einer demokratischen Gesellschaft längst beunruhigen. Wir aber liken und posten seelenruhig weiter ...

Das, was wir Zufall nannten, war nur eine Laune der Zukunft. Vielleicht eine unberechenbare Notwendigkeit, in jedem Fall aber der Moment, der in die Geschichte einging als Beginn der Zukunft für alle. Allein es erkannte lange Zeit niemand von uns. Zu spektakulär haben wir uns ausgemalt, wie der Weg dorthin verlaufen würde, zu groß haben wir ihn gedacht, so groß, dass wir nicht den kleinsten Schritt hineinwagten.

Wir warteten Tag um Tag auf die eine Vision für alle, entwickelt in einem der unzähligen Think Tanks und Expertenkreise, von Zukunftsforschern, Prädikatsjuristen und ausgezeichneten Ökonomen. Wir sahen erwartungsvoll in die großen Städte, die Schmelztiegel von Innovation und Forschung und übersahen unseren größten Denkfehler: Wir glaubten, mit wachsendem Zivilisierungsgrad und steigender Bildung würden wir

die zunehmenden Probleme lösen und jegliche Entwicklungen beeinflussen können. Der Gipfel zeigte sich im
Silicon Valley, wo man über Jahre an Allmachtsfanta-
sien arbeitete, wie etwa Alter und Tod abzuschaffen
und gleichzeitig den Menschen. Die neueste Geschichte aber lehrte uns, dass man zwei Schritte zurückgehen
muss, um einen spürbaren voranzukommen.

Zukunft nämlich brauchte Macher. Menschen, die un-beeindruckt von Expertenmeinungen und Weltgesche-hen einfach loslegten. Menschen, die noch nicht an-gekommen waren im Sumpf des Individualismus, auf der dauernden Suche nach der nächsten Selbstverwirk-lichung. Menschen, die von der rasanten Entwicklung abgehängt wurden und dies nicht als Nachteil empfan-den, weil sie den Vorteil nicht erkannten.

Menschen wie die aus Vaast, einem 34 000-Seelen-Städtchen im strukturschwachen Norden, in der Nähe des Meeres und der holländischen Grenze. Es war der Ort, an dem man immer im richtigen Viertel wohnte, wenn es um die schulische Zuteilung der Kinder ging, denn es gab nur eine Grundschule. Dafür, was unge-wöhnlich war für die Größe des Ortes, eine kleine Hochschule mit noch ungewöhnlicheren Lehrstühlen. Einen für Agrarökologie sowie einen für Automobil-mechatronik. Dazu ein örtliches Krankenhaus, ein paar Ärzte und drei Kindergärten: Vaast Süd, Vaast Nord und der Betriebskindergarten der Stadt.

Die Arbeitslosigkeit war strukturbedingt mit 8,9 Prozent etwas höher als anderswo, und dennoch hatte jeder Vaaster immer eine Menge zu tun. Die meisten von ihnen arbeiteten beim größten Arbeitge-ber der Region, einem Automobilzulieferer. Aus der kleinen Vaaster Maschinenbaufirma ist in den vergangenen 30 Jahren der Weltmarktführer für Katalysatorentechnik geworden. Einige der Einwohner jedoch nahmen ein paar Kilometer mehr in Kauf, um beim Windkraftanlagenhersteller für das Vorankommen der Energiewende zu arbeiten.

Der Breitbandausbau für schnelles Internet war längst verabschiedet, die Fördermittel bereitgestellt und seit einigen Jahren in vollem Gange. Zudem siedelten sich im neu ausgewiesenen Mischgebiet zwei Lebensmitteleinzelhändler und eine Drogerie-Filiale an. Während in großen Städten die Rechtspopulisten in die Rathäuser zogen, fand man bei der Kommunalwahl in Vaast selbst 2017 nicht einmal die Möglichkeit, jene wieder aufstrebenden Rechtsradikalen zu wählen.

Der Norden sei genügsam, lautete ein altes Sprichwort, und die Gemeinde lebte es. Obgleich sie von außen als Verlierer galten, fühlten sie sich als Gewinner, denn die Bürger der Gemeinde wussten, dass sie viel weniger verloren, als die Gewinner gewonnen hatten. Bis zu jenem Tag, als zwei Ereignisse gleichzeitig eintraten.

Tamme Johnson, langjähriger Redakteur der Vaaster Nachrichten, der sein berufliches Leben mit knapp 60 Jahren beendete, als die Lokalzeitung vor einigen Jahren pleiteging, bekam endlich den lang ersehnten Internetanschluss, während über 600 Nachbarn aus der Gemeinde einen Brief erhielten. Allesamt mit demselben Inhalt: die unmittelbar bevorstehende Entlassung. »... um den größtmöglichen Anteil der Belegschaft weiterhin beschäftigen zu können, und gleichzeitig auf neue Herausforderung des Marktumbruchs durch die zunehmende E-Mobilität und stark nachlassende Nachfrage an Katalysatoren sowie die gesteigerte Automatisierung reagieren zu können, sind wir zu diesem unvermeidbaren Einschnitt gezwungen«, war dem Anschreiben zu entnehmen.

Vaast war nie eine besonders belebte Stadt, an diesem Abend jedoch war es ungewöhnlich ruhig. Für viele war Tamme Johnson immer noch, wie früher, der Mann der Nachrichten, diesmal aber erhielt er sie in zigfacher Ausführung von den Bewohnern der Stadt. Einige Telefonate später, etwa mit zwei Stadträten, einem Gewerkschafter und dem Redakteur der landesweiten Zeitung, der unter anderem für Vaast eingeteilt war, sich aber kaum zuständig fühlte, wurde ihm klar, was der Ort in Zukunft brauchte, um ein guter Ort zu bleiben. Es brauchte wieder echte Nachrichten. Um gemeinsam gestalten zu können, musste man vorab informiert sein über das, was passieren wird, bevor es geschieht. Bilder von Berichterstattungen aus anderen Regionen und Städten des Landes huschten vor seinem geistigen Auge vorbei. Die 12 000 Beschäftigten, die in der größten Drogeriemarkt-Kette ihren Job an automatisierte Kassenscanner verloren hatten und seitdem regelmäßig auf der Straße waren, um zu protestieren, gemeinsam mit den Bankangestellten und Steuerfachgehilfen. Sie alle fielen der Digitalisierung zum Opfer und wurden zur permanenten Mahnung all der Wirtschaftsweisen, die bis zuletzt den großen Irrglauben verfochten, die Digitalisierung würde mindestens so viele neue Jobs bringen, wie sie zerstörte.

Als von Berufs wegen erfahrener Beobachter wusste Tamme, dass die Welt verfällt, wenn man nur zusieht. Er wollte vermeiden, dass die Vaaster begannen, auf das Elend der anderen zu sehen, und dabei angesteckt würden von der Resignation und Unzufriedenheit, die *unwillkürlich darin enden würde, dass der Populismus auch in seiner Heimatstadt Einzug hielte. Niemand konnte ahnen, dass die Entscheidung eines alten Mannes die Zukunft einläutete: Tamme Johnson entschloss sich, in das Berufsleben zurückzukehren und die Lücke zu schließen, die Marktbereinigung und Internet entstehen ließ: das lokaljournalistische Vakuum im nordischen Niemandsland. Das, so empfand er, war er seiner Gemeinschaft schuldig. Während in anderen Teilen des Landes lautstark protestiert wurde, erreichte er in kurzer Zeit, dass sich seine Mitmenschen mit sich selbst beschäftigten. Das Geschehene annahmen und das Beste daraus machten. Mit einem neuen Internetanschluss und alter Feder. Mit den* Neuen Vaaster Nachrichten, *in digitaler Form und traditioneller Qualität.*

ZUKUNFT BRAUCHT ECHTEN
LOKALJOURNALISMUS

Ein gedeckter Frühstückstisch mit duftendem Kaffee und der frischen Ausgabe der örtlichen Tageszeitung – ein Bild, wie aus der Zeit gefallen. Sie zu lesen gehörte für den Großteil der Bevölkerung zum täglichen Ritual, was in ihr publiziert wurde, war die Wahrheit, so groß war das Vertrauen zwischen ihr und dem Leser. »Das glaube ich erst, wenn es in der Zeitung steht«, war oftmals eine bekräftigende Einforderung der Wahrheit im alltäglichen Leben.

Lange Zeit glaubten wir, dass Lokalzeitungen schon deshalb nicht aussterben würden, weil in ihnen geschrieben ist, was in unserer Nachbarschaft passierte. Sie galt als heimisches Meinungsbildungsinstrument und Abbild lokaler politischer Entwicklungen. Als Beobachter von Wirtschaft und Kultur vermittelte sie den Bürgern Erkenntnisse und förderte nicht selten bürgerliches Engagement. Ein Blick auf die Auflagenentwicklung verrät, dass die Krise der Lokalzeitungen bereits in den 1980ern, also weit vor der rasanten Entwicklung des Internets, begann. Vielleicht mag einer der Gründe im gesellschaftlichen Wandel zu finden sein: In genau derselben Zeit begann die Veränderung von der Denkwelt in die Dingwelt.

Unser Interesse galt von da an zunehmend neuen Dingen, nicht mehr Menschen. Zusammen mit den falschen Strategien seitens der Medienhäuser war der Niedergang zahlreicher Lokalblätter unvermeidbar, und mit ihnen verschwand ein Großteil des lokalen Meinungspluralismus. Der Verlust der lokalen Tageszeitung war für viele Menschen, gerade in ländlichen Regionen, ein harter Schlag: Mit ihr ging, nach dem Einzelhandel, den öffentlichen Verkehrsmitteln und der Bankfiliale, das letzte Stück Nähe. Sie gab einen Überblick, vermittelte Verbindung und Vertrautheit. Ihre Absenz ging einher mit dem wachsenden Gefühl der Abgehängtheit, des Alleingelassenwerdens. Das Gefühl, in einer Heimat zu leben, die keine Notiz mehr wert war, entfremdete die Menschen mehr und mehr vom Rest der Welt.

Heutiger Lokaljournalismus unterliegt, sofern er überhaupt noch existiert, in weiten Teilen knallhartem Controlling. Darunter leidet die Qualität. Den Journalisten bleibt aufgrund des finanziellen Drucks und des dadurch gesteigerten Arbeitspensums schlicht zu wenig Zeit für eine fundierte Recherche. Oftmals werden nur mehr gelieferte Pressemitteilungen, also abhängige Informationen, auf Größe passend gekürzt und redigiert. Überregional und »aus aller Welt« werden Agenturnachrichten passend fürs eigene Blatt aufgehübscht und abgedruckt. Mehrwert? Fehlanzeige.

Wieder stehen wir am Übergang in eine neue Welt: der digitalen. Mit der Transformation wird sich unsere Gesellschaft grundlegend ändern. Dezentralisierung, Demokratisierung und Transparenz werden die Säulen sein. Der Weg dorthin wird für viele schmerzhaft und mit großen Einschnitten verbunden sein. Umso wichtiger ist es, einen vertrauensvollen Begleiter für diesen Weg zu haben: die Lokalzeitung. In welcher Publikationsform auch immer sie erscheinen mag, sie wird gebraucht: Unabhängiger Journalismus ist die vierte Säule der Demokratie. Um jene wieder zu stärken, benötigt es mutige und leidenschaftliche Lokaljournalisten, keine Texter. Reporter, die Menschen in der Region nicht alleinelassen, sondern den Bürgern die Veränderungen der kleinen Welt nahebringen und gemeinsam das pflegen, was jedem Einzelnen Sicherheit und Selbstvertrauen vermittelt: das Gefühl von Heimat.

Das Lokalmedium muss wieder die Stimme der Menschen in der Region werden und den Fortschritt in die lokale Zukunft begleiten. Sie ist unabdingbar als objektiver Berichterstatter aller Interessen und moderierende Prozessbegleitung. Diese Notwendigkeit bringt mit sich, dass der allgemein zu entrichtende Rundfunkbeitrag neu auszugestalten ist. Neben den öffentlich-rechtlichen Funkhäusern wie ARD, ZDF sowie Deutschlandfunk müssen wir in Zukunft aus Liebe zur Demokratie Lokalzeitungen mitfinanzieren. Eine stiftungsfinanzierte Lösung wie beispielsweise durch die FAZIT-Stiftung, die die Mehrheit der *FAZ* hält, wäre ebenso denkbar.

Gerade in strukturschwachen Gegenden, in denen die Wirtschaft nahezu zum Erliegen kam, ist eine ausschließlich privatwirtschaftliche Finanzierung eines örtlichen Mediums rein ökonomisch unmöglich. Die Vergangenheit hat gezeigt, dass es nicht reicht, in unregelmäßigen Abständen Reporter in die abgelegensten Ecken zu schicken und anstandshalber darüber zu berichten. Lokaljournalismus braucht eine beständige Verortung und Repräsentanz, dort, wo er entsteht. Das kostet Geld. Hinzu kommt, dass kritisch-unabhängiger Journalismus nicht gedeihen kann, wenn er allein von Anzeigenkunden und privatwirtschaftlichen Quellen getragen wird.

Die weißen Flecken der Diskurslosigkeit auf der Landkarte unseres demokratischen Gemeinwesens müssen geschlossen werden, um Fake News und Desinformationen jeglichen Raum zu nehmen. Hierzu gehört in großem Maße, dass wir auch selbst aktiv werden. Mit zunehmender Verlagerung der Informationsgewinnung ins Digitale haben wir aufgehört, uns ernsthaft mit Inhalten auseinanderzusetzen. Wenn eine umherschwirrende Nachricht unsere Aufmerksamkeit erhascht, dann nicht, um sie zu verstehen, als Puzzleteil eines Ganzen, sondern um schnellstmöglich weiterzuteilen oder kurzerhand, im Überflug, einen Post zu liken und damit das eigene, digitale Meinungsimage zu prägen. Wer soziale Netzwerke wirklich schätzt, hat längst erkannt, dass das, was sie heute bieten, nicht mehr ist, was wir früher an ihnen schätzten.

Nur wenige Jahre benötigte es, um aus Twitter, einst als Kurzinformationsdienst gestartet und lange Zeit als kreative Plattform für sprachlichen Witz und inspirierende Bewegungen genutzt, eine Empörungsoberfläche werden zu lassen. Spätestens seitdem Politiker, Regierungsinstitutionen, aber auch Medien den Weg in dieses soziale Netzwerk fanden, sind politischer Disput wie gesellschaftliche Debatten nur mehr schwer zu führen, weil sie umgehend zu kurz und zu schnell auf Twitter kommentiert werden.

Mehr noch: Durch gezieltes Lancieren von Falschinformationen ist Twitter eine Schnellfeuerwaffe geworden, die unsere demokratischen Grundwerte und notwendige Glaubwürdigkeit der Medien langsam, aber sicher zerstört, denn die Dynamik von getwitter-

ten Neuigkeiten scheint zunehmend die Sorgfalts-
pflicht der Überprüfung auszuhebeln. Vor einiger Zeit
gelang es einem *Titanic*-Redakteur, nahezu die gesamte Medienlandschaft an der Nase herumzuführen:
Mit seinem verifizierten Twitter-Account, jedoch nach
Umbenennung in »HR Tagesgeschehen«, meldete er in
ohnehin schon fragilen politischen Zeiten den Bruch
der Fraktionsgemeinschaft von CDU und CSU.

Unzählige User, aber auch zahlreiche Medien, darunter sogar die namhafte Nachrichtenagentur Reu-
ters, fielen auf den Scoop herein. Wir mögen dies als
gelungenen Scherz eines Satire-Magazins verstehen, in
Wahrheit aber zeigt es, wie sehr wir und mit uns das
gesamte gesellschaftliche System zum Spielball von
einzelnen wie Gruppen von Interessensvertretern werden. Sogenannte automatisierte Bots, eine Art digitale
Meinungsarmee, in Stellung gebracht von undurch-
sichtigen Auftraggebern, verfälschen zu allem Überfluss das gesamte Bild und lassen diese Plattform für
einen Diskurs nah an der Realität unbrauchbar werden. Komplexe Themen und wichtige Geschehnisse
erfordern Zeit, um sie zu überprüfen und zu verstehen.
Darüber hinaus oftmals mehr als 240 Zeichen. Auch
benötigt es echte, uneingeschränkte Kommunikation
zwischen Menschen, ohne Maske und Pseudonym, um
gemeinsame Erkenntnisse zu gewinnen.

Wer nun in Facebook eine Alternative für eine digitale Plattform des gesellschaftlichen Austausches sieht,
wird enttäuscht. Während Twitter zum Empörungs-
netzwerk avancierte, ist Facebook internationales
Verteilernetzwerk von Fake News, undurchsichtiger
Spielplatz demokratiefeindlicher Technokraten und
Recruiting-Plattform friedensgefährdender Meinungs-

macher. Seine Existenz trägt zu einer Gefährdung unserer Werte bei. Auf Facebook darf ohne Androhung von Konsequenzen gehetzt und gejagt werden. Meinungen, die in unserem Land unter Strafe stehen, können aufgrund der Grenzenlosigkeit der Plattform straffrei verbreitet werden. Selbst nach Hinweisen unterlässt Facebook das Löschen von in Deutschland strafrechtlich relevanten Inhalten. So hat der Facebook-Gründer Mark Zuckerberg das Nichtentfernen von Holocaust-Leugnungen auf seiner Plattform mit folgenden Worten gerechtfertigt: »[...] Ich glaube nicht, dass unsere Plattform das herunternehmen sollte, weil ich denke, dass es Dinge gibt, bei denen verschiedene Meinungen falschliegen. Ich denke nicht, dass sie absichtlich falschliegen.«

Wir sind nicht in Deutschland, wir befinden uns im grenzenlosen Raum Facebook, in dem alles erlaubt scheint. Niemand von uns darf sich folglich mehr wundern, wenn uns eine wachsende Verrohung des politischen Klimas auch außerhalb unseres digitalen Wirkungskreises begegnet, hat jene in der digitalen Welt schließlich ihren Ursprung. Was einst als nicht für sagbar galt, wird heute fleißig auf jedermanns Pinnwand gepostet, unter anonymem Deckmantel.

Die Dynamik der aufgehetzten Debatte im Netz geht so weit, dass sich mittlerweile Fälle häufen, in denen Inhalte wieder aus dem Internet genommen werden. So kapitulierte der Saarländische Rundfunk vor einem wütenden Mob. Dieser publizierte einen Filmbeitrag auf Facebook, in dem es um das viel diskutierte Thema der Seenotrettung ging. Hunderte rassistischer und menschenverachtender Kommentare später wurde das Video wieder entfernt, weil das Redaktionsteam der großen Zahl an Beleidigungen, gezielten Falschinformationen und der blanken Hetze nicht Herr werden konnte.

Die Befürworter der Seenotrettung, ebenso wie die kritischen User, die sich sachlich zu dem Thema positionierten, beklagten das »Unsichtbarmachen« eines wichtigen Themas, die Gegner feierten jedoch das Bezwingen des »Staatsfunks« und die »Säuberung« ihrer Plattform. Nichts kann eindrücklicher zeigen, wie sehr wir in eine unabhängige Presse benötigen, um uns unsere eigene Meinung bilden zu können. Wir können auch in Zukunft innerhalb der sozialen Netzwerke mit anderen Menschen in Interaktion treten, Spaß haben und Zeit darin verbringen, allein zur Informationsbeschaffung und Meinungsbildung dürfen unkontrollierte, privatwirtschaftliche Plattformen nicht dienen. Weil aber Facebook und Twitter im entlegensten Winkel unseres Landes erreichbar sind, werden sie genutzt und schließen das informative Vakuum, gerade in abgehängten Gebieten. Der erste Schritt zurück zum Meinungspluralismus und zu seriösen Informationen, das ist die Aufgabe einer Lokalzeitung. Wir werden sie brauchen, um unsere kleine Welt jeden Tag besser zu verstehen und das Vertrauen zu entwickeln, das uns die Angst vor der großen nimmt.

*Obgleich Vaast längst kein kleines Dorf mehr war,
sprach sich die Neuigkeit schnell herum, dass Tamme
Johnson wieder zur Feder griff. Diese Nachricht ließ
sogar für einige Tage die angekündigten Entlassungen
in den Hintergrund treten. Zwar versicherten alle Be-
teiligten – das Wirtschaftsreferat, die Personalabtei-
lung des Automobilzulieferers wie die Gewerkschafts-
vertreter, dass hart gerungen und gekämpft wurde und
das präsentierte das beste Ergebnis für alle wäre.*

*Die Ankündigung war der überregionalen Zeitung
einen Vierzeiler wert und der Regionalausgabe des
Fernsehens immerhin 2:30 Minuten. In Zeiten der Digitalisierung und des strukturellen Umbruchs des Arbeitsmarkts waren Meldungen wie diese nun mal keine
Besonderheit mehr. Für die Vaaster hingegen war es
keine Randnotiz. Es war der Grund, weshalb sie hoff-
nungsvoll auf Johnson blickten, denn schneller, als
von ihm erwartet, veränderte sich das Verhalten vieler
Bewohner. Sie begannen zu hinterfragen, da sie informiert wurden. Er vermittelte ihnen wieder Einblicke,
die Fragen zuließen. Nicht zuletzt, weil er nach wie vor
einen Vertrauensvorschuss genoss, selbst bei den Jüngeren.*

*»Warum fand das Ganze ohne Öffentlichkeit
statt?«, »Was hat die Stadt eigentlich dagegen getan?«,
»Was können wir noch tun, Tamme?« – wo auch im-*

mer er hinkam, ob morgens zum Bäcker oder bei seinem nachmittäglichen Spaziergang rund um den Weiher, der mittlerweile immer öfter ausfiel, baten ihn Menschen um Antworten. Ihm wurde bewusst, dass er selbst Hilfe benötigte. Als One-Man-Show war er nicht annähernd in der Lage, dem Wissensdurst der Bürger nachzukommen. Gleichzeitig erkannte er, dass die Zukunft keines Lokaljournalismus bedurfte, wie er ihn kannte und jahrzehntelang praktiziert hatte. In den letzten Tagen seines Berufslebens hatte er zusammen mit einer Sekretärin, einem Kollegen für Sport und Soziales sowie einer Handvoll freier Mitarbeiter die Zeitung gemacht, und zwar in einer Zeit, die wirtschaftlich nur eine Richtung kannte und das Generationenversprechen vollumfänglich einlöste. In einer politischen Landschaft, die stabil und übersichtlich war. In einer Demokratie, die nicht in der Krise steckte.

Die neue Welt jedoch ist kompliziert geworden, und die rasante und ungewisse Entwicklung machte es nicht einfacher. Entscheidungen aus der Wirtschaft wie von politischen Akteuren stießen immer öfter auf Unverständnis und Misstrauen. Selbst in Vaast war eine zunehmende Politikverdrossenheit zu spüren. Johnson erinnerte sich gut, als aus Kostengründen das städtische Schwimmbad geschlossen wurde, der Bruch eines Wahlversprechens durch einen einstimmigen Beschluss. Diese Harmonie innerhalb der Kommunalregierung ließ die Bürger im Glauben, es wäre eine notwendige wie unumgängliche Entscheidung. Erst als wenige Monate später die Bagger anrückten und das gesamte Gelände dem Erdboden gleichmachten, um gleichzeitig den Aushub für die neuen Lagerhallen des Automobilzulieferers zu erledigen, wurden einige

Bürger aufmerksam. Weil aber die Stadt Anfragen von Bürgern gekonnt abwiegelten und kritische Presse nicht existent war, wurde der notwendige Diskurs nicht geführt.

Im gleichen Moment musste Tamme Johnson sich selbst eingestehen, dass ihm, wie wohl den meisten Stadträten, die Kompetenz zu einer fundierten Beurteilung fehlte. Nun war er Journalist und konnte sich, von Fall zu Fall, unabhängige Expertenmeinungen zu seinen Recherchen und Themen einholen. Wen aber zogen Stadträte und Ausschüsse zurate, allesamt Allround-Politiker, die niemals in allen Bereichen fundiertes Fachwissen aufweisen konnten?

Das große Interesse an seiner wiederaufgenommenen Arbeit zeigte ihm, dass die Bürger der Stadt keineswegs uninteressiert waren am politischen Geschehen und Gestalten, wohl aber an Politikern und Parteien. Zu oft hatten jene in der Vergangenheit das Vertrauen der Wähler verspielt. Johnson wollte helfen, es wiederherzustellen, und zwar in die Politik, nicht in die Politiker. Dazu brauchte es die Mithilfe vieler Bürger, vor allem aber die Kompetenz erfahrener Experten.

Er nahm kurzerhand seine Jacke vom Haken und verließ das Haus in Richtung Metzgerei. Mit schnellem Schritt ging er gegen die Dämmerung an. Vielleicht mochte es schon zu spät sein, dennoch wollte er noch vor Ladenschluss seinen Freund Hinnerk Onken aufsuchen. Beide kannten einander in- und auswendig und Vaast wie ihre Westentasche. Sie hatten stets ein offenes Ohr und eine aufrichtige Einstellung zueinander. Darauf zählte Tamme auch diesmal. Er war sich, bei aller Euphorie für seine Idee, nicht sicher, ob sie Vaast nach vorne bringen würde oder er sich in etwas *verrannt hatte. Etwas außer Atem erreichte Johnson die Tür, als Onken schon mit dem Schlüssel vor ihr stand. »Moin, Tamme. Schlechte Nachrichten für dich: Mett is aus!«, sagte er und lachte laut.*

Tamme hielt einen Moment inne, holte tief Luft, um seinen Puls nach unten zu bringen, aber es gelang ihm nicht. Er musste ebenfalls schmunzeln. »Moin, Hinnerk! Kein Mett, nur Meinung.«

»Denn komm mal rein!«, erwiderte Onken, bat Tamme herein und verschloss nun endgültig die Tür.

Johnson griff in seine Jacke und zog einige gefaltete Zettel hervor, während Hinnerk in der Fleischkühltheke die Plastikdeko beiseiteschob und eine Flasche gut gekühlten Klaren herausnahm. »Auch einen?«, fragte er seinen Freund. Johnson nickte. Dann begann er zu lesen, während Tamme sich einen zweiten genehmigte.

ZUKUNFT BRAUCHT SECHS DEMOKRATISCHE KOMPETENZ-KAMMERN

Unsere Demokratie leidet an akutem Pflegenotstand. Das Fehlen des Kümmerns bedingt eine allmähliche Verwahrlosung, bis uns der Anblick dessen, was wir sehen, nicht mehr gefällt. Viel zu sehr haben wir, kritisch betrachtet, die Pflege unseres gesellschaftlichen Systems vernachlässigt. In einer Ehe heißt es »in guten wie in schlechten Zeiten«. Wir aber hatten keine Zeit, sie in guten aufzubringen, um die Demokratie weiterzuentwickeln, und nun, in den schlechten Zeiten, nicht recht die Lust, sie wieder auf Vordermann zu bringen.

Unsere Bequemlichkeit lässt uns lieber das gesamte System infrage stellen und mit Neuem liebäugeln, anstelle das Alte zu reparieren. Eine Änderung der politischen Ordnung jedoch wäre die Kapitulation vor uns selbst: Die Demokratie ist das politische System, in dem die Macht und Regierung vom Volk ausgeht. Würden wir diese Ordnung eintauschen gegen alternative politische Systeme, gäben wir aus der Hand, was unsere Urgroßväter für uns erkämpften: die beste aller Staatsformen.

Dass wir trotz aller Vorteile das ohnmächtige Gefühl in uns tragen, nichts verändern zu können, hängt mit der besonderen Ausprägung der Demokratie in unserem Land zusammen. Zu stark ist die Rolle der einzelnen Parteien in unserem System, zu schwach die vertretene Kompetenz. Zu wenig spiegelt die Zusammensetzung des deutschen Bundestags den Durchschnitt unserer gesamten Bevölkerung wider, zu oft sticht Fraktionssolidarität und Klubzwang die Entscheidung auf Basis des Gewissens, obgleich der Fraktionszwang hochoffiziell verfassungswidrig ist.

Gerade in einer Parteiendemokratie wie der unseren herrscht permanent ein verdeckter Fraktionszwang, da dem Abgeordneten, der nach dem Gewissen entscheidet und damit gegebenenfalls gegen die Vorgaben der Fraktionsführung, Sanktionen angedroht werden können bis hin zur Verweigerung der Unterstützung bei der Wiederwahl. Dass aus unausgesprochenem Fraktionszwang sogar blinde Gefolgschaft werden kann, zeigte die Abstimmung im Bayerischen Landtag in erschreckender Weise: Im Juli 2018 verabschiedete der Bayerische Landtag mit der Stimmenmehrheit der CSU den sogenannten »Masterplan für Migration«, ein Konzept mit 63 Punkten. Allein: Niemand außer dem Verfasser, Innenminister Seehofer, sowie der Parteiführung kannte den Inhalt.

Dieses offensichtlich antidemokratische Verhalten ganzer Fraktionen führt zu einer Zuspitzung der Parteienverdrossenheit, die sich wie ein Korsett um unsere gesamte Demokratie schnürt und den aufkeimenden Rechtsextremismus zudem befeuert. Die Erklärung liegt auf der Hand: Wenn sich Politiker, durch Wähler demokratisch legitimierte Funktionsträger, konträr zu unserem freiheitlichen System verhalten, dann vermittelt dies auch eine Carte blanche für jeden Bürger. So ist es wenig verwunderlich, dass laut Verfassungsschutzbericht 2017 sogenannte Reichsbürger und Selbstver-

walter starken Zulauf verzeichnen und in Teilen zu
»schwersten Gewalttaten« bereit seien. Waren 2016
rund 12 800 Personen zu dieser Szene zu zählen, wurden ihr 2017 bereits 16 500 zugerechnet.

Das Versagen der Politiker und jene Missachtung
unseres Rechtsstaats verursachen, dass eine zunehmende Anzahl an Menschen sich von unseren Grundwerten abwendet. Die Demontage unserer Demokratie
hat begonnen unter der Bauleitung populistischer und
planloser Politiker.

Zeit, wenn sie vergangen ist, lässt sich nicht zurück-
gewinnen, die kommende jedoch mit dem Wissen der
vergangenen gestalten. Auch wenn uns der gesamte
Politapparat als eine Black Box erscheint, haben wir
die Chance – und Pflicht –, Licht ins Dunkel zu bringen. Zu lange sind wir Menschen als Bürger eines demokratischen Staats fahrlässig gewesen. Demokratie
zu pflegen ist kein Lottospiel: Es reicht nicht, alle vier
Jahre Kreuzchen aufs Papier zu machen und zu warten, ob man das große Los gewonnen hat. Selbst wenn
wir unser grundlegendes System als Spiel sehen, gilt es,
in regelmäßigen Abständen die Regeln zu überprüfen
und an ihre Zeitgemäßheit anzupassen, um ihm Zukunftsfähigkeit zu verleihen.

Unter diesem Aspekt sticht ein Punkt besonders
heraus: In heutiger Zeit, in der dank Digitalisierung
Entscheidungsprozesse transparent und zugänglich
gemacht werden können, scheint die traditionell praktizierte Hinterhofpolitik vollends überholt. Wir Wähler haben den Anspruch, wissen zu wollen, welche
Themen behandelt werden, wie Lösungsvorschläge
zustande kommen und welche Maßnahmen am Ende

durchgeführt werden. Weil wir aber, wenn überhaupt, nur mehr verabschiedete Ergebnisse präsentiert bekommen, verlieren wir das Vertrauen in die gewählten Politiker.

Erinnern wir uns an die Verhandlungen des Freihandelsabkommens TTIP zwischen den USA und Europa. Nicht einmal Abgeordnete bekamen Zugang zu den notwendigen Unterlagen. Wir Bürger wurden seitens der Politik in Sicherheit gewogen, während Verbraucherschützer auf die Barrikaden gingen. Erst durch den immensen Druck und die spektakuläre Aktion der NGO Greenpeace, die einen Auszug der geheimen Dokumente als Lichtspiel auf den Reichstag projizierte und zugleich vor dem Brandenburger Tor in Berlin einen Leseraum einrichtete, in dem Bürger die vorliegenden Dokumente einsehen konnten, fühlte sich der damalige Wirtschaftsminister Gabriel genötigt, Informationen herauszugeben und Inhalte öffentlich zugänglich zu machen.

Während Kanzlerin Merkel auch nach dem Leak eine große Chance in TTIP sah, dämmerte es interessierten Bürgern, dass die Verbraucherzentralen recht behalten sollten mit ihren Vermutungen: TTIP war nichts anderes als eine weitere Stufe des hyperglobalisierten Kapitalismus, einhergehend mit massiven Verlusten von Verbraucherrechten und Umweltschutz.

Wer nun glaubte, fortan Transparenz im politischen Handeln zu erhalten, war auf dem Irrweg. 2018 trat ein neues Freihandelsabkommen zwischen der EU und Japan in Kraft: JEFTA. Durch Schweigen ratifizierten die EU-Länder das sogenannte stille Zustimmungsverfahren.

Wieder verhielt sich auch die deutsche Regierung so,

als ob es keinerlei Kritik an vorhergehenden Freihandelsabkommen gegeben hätte.

Erneut erhielten wir keine Informationen von unseren Politikern. Darüber hinaus verschwiegen sie, dass mehr als eine halbe Million Bürger in unserem Land sich per Unterschrift gegen das Abkommen ausgesprochen hatten. Sozialverbände und Umweltorganisationen kritisierten immense soziale wie ökologische Mängel am Japan-Abkommen. Vergeblich.

Auf welcher Ebene wir uns auch befinden, die derzeit praktizierte Politik gibt uns das Gefühl, über unsere Köpfe hinweg zu entscheiden und zu regieren, ungeachtet unseres Willens. Natürlich wird uns versichert, dass jeder einzelne Politiker unsere »Sorgen und Nöte« ernst nähme, allein es geschieht nichts. Das lässt uns das Vertrauen in Politiker gänzlich verlieren. Die schlechte Nachricht: Dieser Zustand wird sich nicht auf die Schnelle ändern.

Ein großes Problem ist das Berufsbild des Berufspolitikers, der zunehmend Platz im Bundestag nimmt. Nie sammelte er Erfahrungen in der Realität, ihm fehlt die Nähe zum Bürger und das Verständnis für dessen Lebensumstände, er ging zielstrebig seinen Weg vom Abitur über das Politikstudium und die Parteikarriere direkt nach Berlin. Er klebt an seinem Amt, ungeachtet seiner Leistungen und seines Fachwissens. War er heute noch Staatssekretär für Verkehrsfragen, kümmert er sich morgen um Digitales. Mit den Jahren wachsen die intransparenten Seilschaften, und die fehlende Kompetenz ist fruchtbarer Nährboden für Beeinflussung. So weigert sich der Bundestag bis heute konsequent, ein Lobbyregister einzuführen.

Es ist kein Geheimnis, dass mehr Lobbyisten Zutritt

zum Bundestag haben als Abgeordnete, allein wir alle wissen nicht, wer. Und warum. Die gute Nachricht: Wir müssen den Status der Parteiendemokratie nicht länger hinnehmen. Unsere Zukunft benötigt Kompetenz und Vertrauen in politische Verantwortung. Die Demokratie der Zukunft wird geprägt sein von Sachrepräsentanten, die Parteiabgeordnete ablösen werden. Um wieder Vertrauen in die Politik zu bekommen, benötigt es Vertrauensleute aus der Zivilgesellschaft. Das fängt auf kommunaler Ebene an. Den Grundstein dafür müssen wir heute in der Gegenwart legen, eine Art Back-up-System mit sechs Kompetenz-Kammern. Sie werden mit ihrer Anwesenheit in kommunalen Ausschusssitzungen Parteien zur Sacharbeit und Transparenz zwingen. Die Zukunft nämlich verlangt von uns, dass wir es sind, die Parteien fordern, antreiben und kontrollieren. Diese Arbeit ist Pflicht der Bürger, nicht der Populisten.

ERSTE KAMMER
»GRUNDWERTE«

Die Aufgabe dieser Kammer ist das Wahren, Werten und Weiterentwickeln unveräußerlicher Werte des menschlichen Zusammenlebens im bürgerlichen, politischen, religiösen und zivilisatorischen Sinne. Wie bei Schöffengerichten erfolgt die Berufung in die Grundwertekammer dem demarchischen Prinzip: per Losverfahren.

Ein Ablehnen der zweijährigen Berufung ist nicht möglich, eine Verlängerung der Zugehörigkeit ebenso nicht. Erst wenn alle Bürger eines Ortes einmal Mitglied der Grundwertekammer waren, kann ein zweiter Turnus eröffnet werden. Es ist personell gesehen die größte Kammer, um einen echten Durchschnitt der Bevölkerung repräsentieren zu können. Die Digitalisierung und das dadurch ermöglichte Algorithmen-basierte Losverfahren verhilft zu einer ausgewogenen Auswahl. Die Aufgaben der Kammermitglieder sind neben der Beobachtung und Analyse des allgemeinen repräsentativen Politbetriebs das Voranbringen transparenter Prozesse sowie das Bewerten politischer Entscheidungen nach ethischen Grundwerten.

Darüber hinaus hat die Kammer eine besondere Funktion: die Beurteilung der gegebenen Wahlversprechen. Vor anstehenden Wahlen wird die Kammer unter Prüfung und Einschätzung der fünf Fachkammern jedes Wahlversprechen in ihrem Wirkungskreis auf Plausibilität und Machbarkeit überprüfen, ebenso auf den Wahrheitsgehalt der dem Wahlversprechen zugrunde liegenden Fakten.

Bei erneuter Kandidatur des Politikers werden alle Versprechen erneut auf Umsetzung und Erfolg überprüft und in einer Erfolgsampel jedem Bürger einfach verständlich zugänglich gemacht. Diese Leistungsbeurteilung dient der Vertrauensförderung. Hohle Versprechen wie angekündigte Maßnahmen auf Basis falscher Fakten werden für Bürger nachvollziehbar aufgedeckt und können als Basis der eigenen Wahlentscheidung hinzugezogen werden.

Das mittelfristige Ziel ist das Wiederherstellen der Glaubwürdigkeit von Politikern und der Ehrlichkeit in der Politik. Denkbar wäre sogar eine erfolgsabhängige Wiederwahlzulassung. Wurden mehrfach nachweislich Wahlversprechen abgegeben, die nach eingehender Überprüfung trotz vorhandener Möglichkeiten nicht gehalten wurden, oder aber falsche Tatsachen verbreitet, kann dies den Politiker den Listenplatz kosten. Dafür, so zeigt die Vergangenheit, benötigt es weder eine gesetzliche Änderung noch neue Regeln. Allein der konzentrierte Druck durch Transparenz und Öffentlichkeit wird genügen. Diesen jedoch braucht es. Und dazu benötigt es unser Engagement. Ein weiterer Positiveffekt ist, dass diese Arbeit der Grundwertekammer ein Klüngeln von Lokaljournalisten und Politikern verhindert. Zu oft waren sich Journalisten und Politiker zu nah, da sich beide als lokale Elite verortet sahen. Die Grundwertekammer als dritter Beteiligter wird hier wichtiger Mittler werden.

FÜNF FACHLICHE KOMPETENZ-KAMMERN

Neben der Grundwertekammer gibt es fünf weitere Kompetenz-Kammern: Wirtschaft, Digitalisierung, Soziales & Demografie, Kultur sowie Umwelt & Ökologie.

Jeder Bürger kann durch ein einfaches Vorschlagswesen aus der Gemeinde für eine Fachkammer aufgestellt werden. Auch ist eine aktive Eigenbewerbung möglich. Als Zulassungsvoraussetzung dient nachgewiesenes Fachwissen.

Reine theoretische Qualifikation durch Bildung jedoch reicht nicht aus, um in eine der Fachkammern gewählt werden zu können, mehrjährige praktische Erfahrung im jeweiligen Bereich hingegen kann auch als alleinige Berufungslegitimierung gelten. Die Kammermitglieder wohnen den jeweiligen Ausschusssitzungen der Gemeinde bei, bewerten deren Ergebnisse und bringen gleichzeitig Ideen und Wünsche der Bürger in den regulären politischen Betrieb.

Zudem tauschen sich die Fachkammern intensiv mit den Mitgliedern der Grundwertekammer aus, um das gesellschaftliche Fortkommen in allen Facetten weiterzuentwickeln und jene bei der Einschätzung und Überprüfung von Wahlversprechen fachkompetent zu unterstützen.

Hinnerk Onken gab Tamme Johnson das Papier zurück, erhob sich und ging hinter die Fleischtheke. Er nahm ein Stück Rauchfleisch vom Haken, kratzte mit der Messerspitze den Ruß von der Oberseite und schnitt hauchdünne Scheiben herunter. »Und?«, fragte Johnson vorsichtig. »Jo«, sagte Onken. »Jo?« »Ne Lügenampel für Politiker. Wat mooi. Das ist wirklich gut. Dreimal gelogen und weg vom Fenster.«

Er setzte sich wieder zu Tamme und stellte das Holzbrett mit dem Geräucherten zwischen sie. »Iss, der Klare braucht 'ne Grundlage.« Tamme griff zu, und Onken fuhr fort: »Ich hab dich wohl verstanden. Die Bürger in den Kammern würden in Zukunft Schritt für Schritt die Parteipolitiker ablösen, weil sie irgendwann auf dem eigentlichen Wahlzettel landen. Wir am Ort wären die Ersten mit solchen Kammern, und viele könnten folgen. Daraus entstehen dann regionale und überregionale Kammern, bis nach Berlin. Wenn das gut geht, hast du in zwanzig, dreißig Jahren auf allen Ebenen richtige Sachpolitik. Das Problem der weltfremden Berufspolitiker wäre gelöst, und die Abgeordneten könnten wieder nach Gewissen und nicht nach Fraktionszwang handeln.«

Tamme grinste. Er wusste, dass Hinnerk ein kluger Kopf war. »Die Idee ist gut, und wir sollten sie im Kleinen hier, in Vaast, probieren«, sagte Onken und fügte hinzu: »Auch wenn sie einen Haken hat.« »Welchen Haken?«, fragte Johnson verwundert. Er war sich sicher, dass genügend Bürger mithelfen würden. Ebenso, dass sich der Stadtrat über kurz oder lang nicht gegen seine Idee wehren könnte. Dies würde viel zu großen Unmut in der Wählerschaft schüren. Schließlich bringen die Kammern endlich, was die bisherige Politik stets versprach: Transparenz und Kompetenz. »Die Zeit!«, sagte Onken. »Halb neun«, antwortete Johnson. »Nein, ich meine den Haken: Die Zeit ist der Haken!«

Tamme konnte Hinnerk nicht folgen und sah ihn fragend an. Hinnerk schmiss eine weitere Runde Schnaps und begann zu philosophieren: »Mein Freund, was nützt uns die Wiederherstellung einer lebendigen Demokratie, wenn uns währenddessen unsere Gesellschaft und Lebensgrundlage, die Natur, vor die Hunde geht? Dreißig Jahre, würde ich schätzen, wird es brauchen, bis deine Idee bis nach Berlin getragen ist, um dann zu beginnen, was wir heute schon tun könnten. Wir brauchen keine Glaskugel, Tamme, um zu erkennen, dass der dauernde Fortschritt uns zum Rückschritt zwingt. Das, was sie modernisieren nennen, ist in Wahrheit rationalisieren. Sie schaffen uns ab. Stell dir vor, in dieser Zeit, wenn deine Idee in der Hauptstadt ankommt, werden vielleicht nur noch E-Autos gebaut. Es ändert nichts am Problem, dass wir zu viele Autos auf den Straßen haben, es schafft nur ein neues: Was passiert mit uns, hier in Vaast? Heute baut der Automobilzulieferer schon ein Drittel seiner Leute ab, und in zehn Jahren den Rest. Was wird aus den Beschäftigten? Was wird aus deren Familien, ihren Häusern und den Krediten, die auf Jahrzehnte laufen? Wir *alle verlieren seit Jahren, während sie uns dauernd vom Win-win erzählen, um weiter Raubbau an uns, an der Umwelt, an allem treiben zu können. Tamme, es gab ein Leben vor dem Wachstum, und da müssen wir wieder hin. Dieses digitale Zeug kann uns noch so viele Chancen geben, weil wir aber keine motivierenden Antworten auf unsere Fragen haben, bekommen wir alle Angst. Sie verwalten das Bestehende und gehen so lange zum Brunnen, bis der Krug bricht. Wir werden Wasser aus den Pfützen saufen, während sie Jahrgangswein aus dem Kristallbecher genießen!«*

» Wer ist denn ›sie‹, Hinnerk?«, unterbrach Johnson.

»Sie! Die Gewinner dieses ganzen Spiels. Politiker und Großunternehmer! Und das sind sehr wenige, Tamme. Sie horten ihr Geld und schotten sich ab. Wir aber sind die Mehrheit, und die muss endlich den Hintern hochbekommen. Von wegen, es hätte keine andere Lösung gegeben, als sechshundert Leute zu entlassen. Was wäre denn, wenn alle dreitausend einfach mal die Arbeit liegen lassen? Arbeitgeber müssen endlich erkennen, dass sie keine Arbeitgeber sind. Es sind Arbeitskraftnehmer! Das sage ich als Selbstständiger! Wenn wenig Arbeit da ist, dann wird die fair verteilt: Da sollten alle runter mit den Stunden. Auf einmal ist Zeit da, um sich zu engagieren, in deinen Kammern zum Beispiel, im Ehrenamt, in Jugendvereinen. Jeder von uns braucht doch auch eine Aufgabe! Klar, Lohnausgleich muss her, da benötigen wir Steuern auf Maschinen. Wenn Roboter künftig verrichten, was der Mensch einst vollbrachte, um sein Einkommen zu bestreiten, kann das doch nicht sein, dass wieder der Besitzer der Automaten den Reibach macht. Wo soll das denn alles nur hinführen? Seit Jahren finde ich kaum

mehr Lehrlinge, weil die lieber für gutes Geld ans Band gehen, statt ein ehrliches Handwerk zu erlernen. Nur: Handwerk brauchen wir immer. In der Industrie werden sie nicht mehr lange gebraucht. Wir Metzger sind wichtig für die Versorgung, aber wir genießen längst keinen Respekt mehr in der Gesellschaft. Überhaupt stimmt da nichts mehr. Wieso verdient ein Banker mehr als ein Pfleger, Tamme? Weil es uns mehr wert ist, wenn jemand auf unser Geld aufpasst als auf unsere Mutter! Die ...«

Johnson unterbrach seinen Freund, um ihm eine Pause zu verschaffen, bevor jener sich vollends in Rage redete. »Wie löst du das eigentlich mit dem fehlenden Personal? Ich meine, du hast doch genauso viele Kunden wie früher.«

Hinnerk nickte. »Stimmt, aber ich produziere weniger. Ich habe einfach mein Sortiment verkleinert und produziere nur noch, was wirklich verkauft wird. Manchmal geht es sogar aus. Meine Kunden sind daran mittlerweile gewöhnt und finden das gut. Und wenn jemand etwas sicher haben möchte, kommt er einfach früher.«

Johnson murmelte etwas Zustimmendes und sah beiläufig auf die Uhr. Sie zeigte ihm, dass es langsam Zeit war für den Aufbruch. Er verabschiedete sich von Hinnerk Onken, der auf eine besondere Art erleichtert schien und zufrieden lächelte, und begab sich etwas wankend, dennoch klar im Kopf auf den Heimweg.

Es waren immer gute Gespräche mit Onken, die nur eine tiefe Freundschaft hervorbringen kann, dachte sich Johnson, während er Mühe hatte, den Haustürschlüssel ins Schloss zu bekommen. Dabei waren sie so verschieden. Er, der freigeistige Zeitungsschreiber, der *früh das Elternhaus verließ, um in Hamburg Geschichte und Publizistik zu studieren, und heute nicht mehr hatte als sich, seine Bücher und 40 Jahre viel gehört.*

Onken hingegen kam nie heraus aus Vaast, übernahm nach der Metzgerlehre direkt den väterlichen Betrieb, heiratete, bekam Kinder und täglich von seinen Kunden mit, was die Zeit vom Menschen wirklich abverlangte. Oft beneidete er seinen Freund, denn ihm vertrauten die Leute. Zwischen Wurst und Fleisch war immer Zeit für einen aufrichtigen Schnack über Freuden und Sorgen.

Hinnerk nahm teil an der Gemeinschaft, er, Tamme, beobachtete sie lediglich. Und schrieb darüber. Die Distanz pflegte er penibel bis zuletzt, um seinem journalistischen Ideal, sich keine Sache, weder eine gute noch eine schlechte, zu eigen zu machen. Seine strikte Art, selbst Naheliegendes aus einer gewissen Ferne zu beobachten, brachte ihm ein, dass er niemandem fehlte, wenn er nicht da war. Positionslosigkeit nahm nirgendwo Platz. Es missfiel ihm plötzlich, und eine unbekannte Traurigkeit überkam ihn.

Matt vom Tag und dennoch aufgewühlt, suchte er die erholsame Nachtruhe. Obgleich er sich konzentrierte zu schlafen, es gelang ihm nicht. Das Gespräch mit Hinnerk beschäftigte ihn so sehr, dass er die notwendige Gelassenheit für die Nacht nicht aufbringen konnte. Zu viele Gedanken kreisten geradezu schmerzlich in seinem Kopf. Er erhob sich aus dem Bett und ging in das Badezimmer. Es dauerte einige Sekunden, bis der Hahn am Waschbecken eiskaltes Wasser hervorbrachte. Mit beiden Händen wusch er sein Gesicht und warf einen Blick in den Spiegel. Ein fester Blick sah ihn an und er selbst tief in sich hinein. Tamme

Johnson spürte, dass dieser Augenblick Besonderheit trug, denn er verriet ihm, dass der Moment gekommen war, den er sich ein gesamtes Leben lang ersehnte: keine Geschichten zu verfassen, sondern Geschichte zu schreiben. Tamme Johnson trocknete sein Gesicht, löschte das Licht im Bad, ging an seinen Arbeitsplatz und fing an zu schreiben.

RAUS AUS DEM BERUF,
REIN IN DIE BERUFUNG

Je größer die Angst vor der Zukunft, umso besser erscheint uns die gute alte Zeit. In der Erinnerung jedoch ist kein Leben, und gefangen in der Vergangenheit verwirken wir das Gegenwärtige. Wer die Probleme der Gegenwart in die Zukunft schiebt, weiß, was dort auf ihn wartet. Wer nicht aufsteht und verhindert, dass der einst erstrebenswerte Ort unserer Vorfahren zur Mülldeponie verkommt, hat seinen Anspruch auf eine gute Zukunft verwirkt.

Längst schon wissen wir, dass die technologische Entwicklung in ihrem rasanten Tempo unser gesellschaftliches System des Leistungsprinzips und damit auch sein grundlegendes Bestehen aus den Angeln heben wird. Auch wenn uns Wirtschaftsweise beschwichtigen und Politiker beruhigen wollen: Neue Technologien werden uns die Arbeit nehmen und mit ihr unsere Existenz. Wir werden keine Facharbeiter in der Industrie mehr brauchen, denn Roboter sind heute schon präziser und schneller. Wir werden keine Steuerberater und Finanzbeamte mehr beschäftigen, denn künstliche Intelligenz erledigt diese Tätigkeiten und mit ihnen diese Berufe.

Entscheidungen wird bald schon auf guter Datenbasis jeder Algorithmus besser treffen als ein mittlerer Manager. Die Glaubwürdigkeit von Rechtsanwälten und Notaren wird die Blockchain und Smart Contracts ablösen. Es wird keine absolute Erwerbslosigkeit in diesen und ähnlichen Berufen geben, denn wir sollten uns hüten, in eine ausschließlich technokratische Welt abzugleiten.

Zwar hätten wir dann erreicht, was lange Zeit als erstrebenswert galt: absolute Gleichheit. Wir aber wissen, dass Gleichheit nicht Gerechtigkeit bedeutet. Und: Bei aller artifiziellen Intelligenz entscheiden Computer faktenbasiert. Sie entscheiden gleich, nicht gerecht. Deshalb sollten wir in Zukunft bei allen technischen Möglichkeiten Richtern ein mildes Urteil mit einem Augenzwinkern zugestehen.

Ebenso muss heute wie morgen der Mensch die Entscheidung fällen dürfen, ob lebenserhaltende Maßnahmen fortgeführt oder abgeschaltet werden. Aus diesen und vielen weiteren guten Gründen werden wenige, wichtige Menschen an Schlüsselstellen über die vom Computer vorgeschlagenen Lösungen entscheiden. Eine enorme Anzahl von uns aber wird schlichtweg seinen angestammten Platz in der Arbeitswelt verlieren. Millionen qualifizierter, gebildeter Menschen.

Gleichzeitig herrscht heute bereits das Problem des Arbeitskräftemangels in zahlreichen Handwerksbetrieben und in Dienstleistungsberufen. Zum einen beruht dies auf einer ungebrochenen Akademisierung, geprägt durch unsere vorherrschende Anerkennungskultur, zum anderen hält das Handwerk noch, was sein Name verspricht. Zwar schließt die Digitalisierung vereinzelt Personallöcher, auch erleichtern Automatisierung und Robotisierung die Arbeit, der körperliche Einsatz, die Erfahrung und das menschliche Können sind nach wie vor unverzichtbar.

Allein aufgrund der hohen Wechselkosten im Zuge der Digitalisierung wird dies gerade im Handwerk auch weiterhin so bleiben. Ebenso die Tatsache, dass Handwerk und Dienstleistung Arbeit ist, die man – wie gut künftige technische Helfer sein mögen – körperlich spürt, kaum Wertschätzung in der Gesellschaft genießt und zu allem Überfluss schlecht bezahlt wird. Hier wird eine Schieflage entstehen, denn den erwerbslosen Akademikern und Wissensarbeitern steht eine wachsende Lücke gesellschaftlich relevanter, weil versorgender Berufe entgegen. Der Blick in die Zukunft lässt sich in eine einfache Frage fassen: Wenn nur noch in die Erwerbslosigkeit studiert wird, wer pflegt in Zukunft die Schwächeren von uns, wer backt unser Brot, und wer näht unsere Bekleidung?

Was zunächst als Fluch scheint, ist die größte Chance unserer Gesellschaft, denn mit jedem Einzelnen, der seine Arbeit verliert, werden wertvolles Wissen und kostbare Zeit freigesetzt, darüber hinaus verborgene Talente und Fähigkeiten. Wenn wir uns die Do-it-yourself-Bewegungen, den ungebrochenen Run auf Baumärkte und Künstlerläden vor Augen halten, dürfen wir hoffen, dass unser Interesse am Selbermachen und Gestalten, nach selbst verantworteten Erfolgserlebnissen, nach wie vor existiert und möglicherweise im Zwang des beruflichen Alltags kaum Raum erhält.

Was nur den wenigsten auffällt, ist die Tatsache, dass sich mit Einführung der vierten industriellen Revolution der Kreis schließt und als abgeschlossen gelten kann: Die Industrie 1.0 war der Beginn einer Trennung, die zuvor in Handwerksbetrieben als eines galten: Besitz und Bedienung. Maschinen für die Massenfertigung waren zu teuer für den einzelnen Handwerker, sodass dieser fortan seine Arbeitskraft verkaufte. Über alle industriellen Revolutionen hinweg änderte sich nichts an dieser Tatsache: Geld gegen Arbeitskraft.

Die jetzt anstehende vierte Revolution gibt uns zurück, was uns gehört: unsere Arbeitskraft und mit ihr unsere freiheitliche Selbstbestimmung. Die Digitalisierung und Automatisierung also kann der Schlüssel für eine großartige Zukunft für alle werden, wenn wir uns aktiv für die Umgestaltung unserer Gesellschaft einsetzen. Weil wir aber nach wie vor völlig fortschrittsnaiv in der Bequemlichkeit versinken, sind wir gerade dabei, unsere Zukunft zu verspielen.

Eine abrupte, harte Landung in die künftige Realität wäre der Beginn einer zweiten großen gesellschaftlichen Depression. Während Unternehmen sich nahezu täglich auf ihre eigene Zukunftsfähigkeit überprüfen und Anpassungen vornehmen, leben wir Menschen unbekümmert in den Tag hinein und bemerken nicht, dass wir für eine erwerbsfreie Zukunft nicht sozialisiert sind. Wir sind auf Leistung orientiert und von Geld getrieben. Wir müssen lernen, dass keine Arbeit zu haben, nicht mehr verwerflich ist, nichts Sinnvolles mit der eigenen freien Zeit anzufangen, hingegen sehr wohl.

In einer Zukunft ohne mehrheitliche Erwerbstätigkeit werden wir nicht umhinkommen, wieder in den Mittelpunkt unseres Interesses zu stellen, was lange Zeit kaum Aufmerksamkeit bekam, weil wir sprichwörtlich lieber in die »Röhre« gucken: Gemeinschaft, Miteinander und Solidarität. Würde heute ein bedingungsloses Grundeinkommen eingeführt und mit ihm der damit oftmals benannte Zwang der Arbeit abgeschafft, wären viele von uns völlig überfordert, und die wunderbare Idee scheiterte, bevor sie Früchte tragen könnte. Wenn wir uns rund 25 Jahre zurückerinnern, wird uns die Geschichte den Beweis dafür erbringen.

1984 erkämpften die Gewerkschaften die 35-Stunden-Woche in der Metall- und Druckindustrie. Damals bereits war ein Argument von vielen: Der Arbeiter kann sich in der neu gewonnenen Freizeit wieder vermehrt kulturellen, politischen und gemeinnützigen Projekten zuwenden. Genau das Gegenteil trat ein. Weder das Ehrenamt noch politische Organisationen erfuhren einen Boom an Neumitgliedern. Einerseits, weil attraktive Angebote seitens der Vereinigungen und Institutionen für den Einzelnen ausblieben, andererseits jedoch, weil zufälligerweise zur gleichen Zeit, ebenfalls 1984, die Unterhaltung eine neue Stufe bekam: das Privatfernsehen.

Im selben Jahr, in dem Hunderttausende in den Genuss reduzierter Arbeitszeiten gekommen sind, ging RTL an den Start, ein Jahr später folgte Sat.1. Von diesem Zeitpunkt an bevorzugten immer mehr Menschen die Bequemlichkeit des heimischen Sofas und begannen, nicht mehr selbst zu spielen, sondern zuzusehen, wie gespielt wurde. Wir haben uns nicht mehr unterhalten, wir ließen uns unterhalten. Immer mehr verkam Freizeit zum passiven Unterhaltungskonsum.

Was einst das Privatfernsehen initiierte, nämlich das sinnlos-voyeuristische Sich-berieseln-Lassen, ist heute rund um die Uhr möglich dank YouTube, Facebook und asynchronen TV-Streamings. Das Internet und mobile Devices ermöglichten die Loslösung von passiver Unterhaltung von Ort und Zeit. Nun könnte man meinen, dass durch die neuen Medien die Verweildauer vor dem herkömmlichen TV-Gerät zurückgegangen ist, weil wir unseren Medienkonsum ins Netz verlegen. Die Zahlen des Fernsehpanels der GFK beweisen das Gegenteil: Im Durchschnitt verbrachten wir vor 30 Jahren rund 140 Minuten täglich vor dem Fernseher. Seit 2010 halten wir nahezu unverändert ein hohes Niveau mit rund 230 Minuten, Netflix und andere Streaming-Dienste nicht mit berücksichtigt.

Man darf annehmen, dass sich die Nutzung deshalb nicht gesteigert hat, da zu dieser Zeit die digitalen Zeitfresser hinzugekommen sind: Facebook nimmt zusätzlich zum Fernsehen rund 35 Minuten täglich unserer Zeit und YouTube 40 Minuten. Wir brauchen weitere Angebote wie Twitter, Instagram, Snapchat etc. überhaupt nicht mehr aufzuführen, um festzustellen, dass wir mindestens fünf Stunden täglich mit der passiven Berieselung beschäftigt sind. Weitere acht Stunden funktionieren wir in unserem Job, und den Rest der Zeit verbringen wir mit Schlafen und Essen.

Wir haben uns selbst die Aktivität abtrainiert und würden uns wundern, welche Zumutung die absolute Freiheit einer kompletten Selbstbestimmung für uns wäre.

Selbst erste Versuche eines BGE-ähnlichen Einkommens schlugen fehl. Nur die wenigsten nutzten ihre Chance, aus eigener Motivation heraus Projekte und Aufgaben anzugehen. Ein Test in einem mittelständischen Unternehmen zeigte, wie schlecht ältere, einfach qualifizierte Mitarbeiter mit einer solchen Situation umgehen konnten. Einige Arbeiter kamen aus Schuldgefühl wie Gewohnheit weiterhin ihrer Tätigkeit nach. Keine Furcht war größer als jene vor der drohenden Langeweile am heimischen Küchentisch oder Fernsehgerät. Auch waren sie schlichtweg nicht gewohnt, Geld ohne Leistung zu erhalten. Andere wiederum fingen an, das restliche Quäntchen Mitgefühl zu verlieren. Selbst auf mehrmaliges Bitten und Nachfragen von Kollegen wurde Hilfestellung verweigert mit der Begründung, dem Hilfesuchenden drohe keine Bestrafung und dem Helfenden winke kein Vorteil. Es ging schlichtweg um Geld, um mehr Geld.

Doch auch bei jüngeren Testpersonen zeigte sich unsere aktuelle Sozialisierung: Ein junger Mann nahm an einem Projekt teil, das ihm ein Jahr lang ein Grundeinkommen ermöglichte. In einem Interview schilderte er, wie sehr er bereits nach sechs Monaten vor Ideen sprudelte. Umgesetzt wurde keine einzige. Es mag an fehlendem Antrieb, an nicht erlernter innerer Motivation oder schlichtweg am Geld gelegen haben, allesamt zeigen diese Schilderungen auf, wie sehr wir dem profitgekoppelten Leistungsprinzip erliegen.

Weil aber die Digitalisierung in einem Tempo erfolgt, das uns nicht erlaubt, weitere Jahrzehnte zu warten, was passiert, brauchen wir einfache Schritte in die neue Welt. Der erste: raus aus der Arbeit und rein in die kleine Vollzeit. Was bereits vereinzelt in einigen Kleinunternehmen erfolgreich praktiziert wird, fordert der Übergang in die Zukunft im Großen. Obgleich nach wie vor genügend Erwerbstätigkeit vorhanden ist, müssen wir uns von der 40-Stunden-Woche verabschieden und die Zeit des Sechsstundentags einläuten.

Um dies durchzusetzen, müssen sich die Arbeitnehmer wieder ihrer Stärke und Wichtigkeit bewusst werden. Ein Einzelner wird nichts bewirken, eine geschlossene Belegschaft, die den Wunsch der 30-Stunden-Woche vertritt, wird sehr wohl gehört. Auch wenn der

Gang auf die Straßen und Streiks in einer Größe, die wir in keiner Vergangenheit erlebt haben, dafür nötig sein werden: Diese Anstrengung gilt dem Kampf um unsere Zukunft und wird Handlungsdruck auf Wirtschaft und Politik erzeugen. Das Viertel weniger Lohn aus der Erwerbstätigkeit muss von der Gesellschaftsagentur, die ehemals als Arbeitsamt fungierte, übernommen werden. Der dafür neu eingerichtete Topf speist sich aus der eingeführten Steuer auf digitale Anwendungen, Robotisierung und Automatisierung.

Darüber hinaus werden Unternehmen verpflichtet, für jeden Arbeitsplatz, der dem technologischen Fortschritt zum Opfer fällt, eine Einmalzahlung eines Jahresgehalts zu entrichten. Zwei weitere Quellen sind für diesen Etat zu benennen: Tarifabschlüsse setzen sich aus mehreren Komponenten zusammen, darunter stets die Produktivitätserhöhung. Dieser prozentuale Anteil wird künftig nicht mehr direkt an den Arbeitnehmer ausbezahlt, sondern in den Ausgleichsetat eingebracht. Nicht zuletzt werden jegliche Subventionen und Fördermittel für die Wirtschaft, die dem Ziel der Arbeitsplatzansiedlung oder deren Sicherung dienen, in diesem Fonds angelegt. Es wäre kaum zu erklären, wenn die Industrie weiterhin mit Milliarden Fördergeldern unterstützt würde, während zeitgleich Hunderttausende ihre Arbeitsplätze an Roboter übergäben.

Die neue Freizeit werden wir benötigen, um mit unserer freigesetzten Kraft und unseren Ideen der Gesellschaft und unserem Staat wieder auf die Beine zu helfen. Die Zukunft benötigt jeden Einzelnen von uns, denn nur durch Vielfalt entsteht Kultur.

RELEVANZKOEFFIZIENTEN

Niemand kann vorhersagen, ob der Zeitpunkt je kommen wird, an dem uns Erwerbsarbeit vollkommen ausgeht. Wir können mit Sicherheit davon ausgehen, dass sie nicht mehr für alle in vollem Umfang reichen wird, um die Existenz jedes Einzelnen durch Erwerbsarbeit zu finanzieren, jedoch dürfen wir weiterhin optimistisch annehmen, dass es immer etwas zu tun gibt.

Schon heute haben wir einen enormen Bedarf an Fachpersonal, der ohne Zuwanderung und konzentrierte Förderung von Qualifikationen unmöglich gedeckt werden kann. Obgleich oftmals irrtümlich angenommen wird, bei dieser Arbeit handle es sich um Tätigkeiten, die keine Freude bereiten, ist der Grund für die große Lücke zwischen Bedarf und Personal fehlende Wertschätzung in jeder Hinsicht.

Wer heutzutage in unserer oberflächlichen Gesellschaft Koch, Klempner oder Krankenpfleger wird, muss diese Tätigkeit uneingeschränkt lieben. Weder Arbeitszeiten, Bezahlung noch das gesellschaftliche Ansehen werben für diese Berufsbilder. Darüber hinaus sind nicht nur diese Berufe mit »K« echte Knochenjobs: Nachtschichten, Notfalldienste, Arbeit am Wochenende, körperlich zuweilen sehr anstrengend und deshalb für viele junge Menschen deutlich unattraktiver, als einen YouTube-Kanal zu gründen oder in die Scheinwelt der Influencer abzutauchen, in der Hoffnung, der eine von zehntausend zu werden.

Es ist das Armutszeugnis einer kapitalistisch geprägten Individualgesellschaft, die sich am liebsten selbst inszeniert: Wertschätzung, Anerkennung und Geld verdienen diejenigen, die es nach oben geschafft haben, nicht diejenigen, die unsere Gemeinschaft an der Basis zusammenhalten. Aus diesem Grund entscheiden sich viele Menschen gegen eine Tätigkeit, die ihren Interessen und Fähigkeiten entspricht. Sie geben lieber der Karriere und der Aussicht auf ein gutes Einkommen den Vortritt.

Manche, die genügend Absicherung im Vernunftjob erreicht haben, schmeißen hin und folgen die restliche Zeit ihrer Leidenschaft. Viele von uns jedoch können sich diesen Schritt nicht leisten. Der finanzielle Druck des Alltags lässt eine Umorientierung ebenso wenig zu wie der drohende Abstieg im Ansehen.

Wenn ein bekannter TV-Moderator wie Tobias Schlegl den Medien den Rücken kehrt, um eine Ausbildung zum Rettungssanitäter zu machen, dann geschieht das, um etwas Relevantes für die Gesellschaft zu tun, gleichzeitig aber auch, weil er in seiner Funktion medial ein Zeichen für diesen Beruf setzen kann. Alles unter der Voraussetzung, dass er von diesem Job allein nicht leben musste und ein ordentliches Finanzpolster mitbrachte, um allein die Ausbildung zu finanzieren.

Wer heute in unserer leistungsorientierten und profitgetriebenen Gesellschaft einen Beruf ergreift, der unserer Gemeinschaft dient, muss folglich finanziell gutgestellt sein oder sich freiwillig für ein Leben am Rande der Armut entscheiden. Das ist das Problem.

Weil wir in Zukunft mehr denn je Menschen brauchen, die Lust an scheinbar unattraktiven Berufen haben, reicht es nicht, hier ein wenig an der Bezahlung und dort etwas am Image zu optimieren. Wir brauchen eine grundlegende Umstrukturierung und neue Bewertung künftiger Arbeitsplätze. Die erste Frage, die ein Berufsinteressent dem Berater stellt, ist: »Was kann ich da verdienen?« In Zukunft jedoch muss diese Frage »Wie relevant ist meine Arbeit?« lauten. Diese Antwort verrät künftig der Relevanzkoeffizient. Diese Kennziffer braucht es, um Wertschätzung und Anerkennung in unserer Gesellschaft neu zu verteilen. Zusammen mit weiteren Instrumenten wie der kleinen Vollzeit und dem Sozialeinkommen wird es uns gelingen, bisher augenscheinlich miesen Berufen endlich die Attraktivität zu verleihen, die ihnen gebührt.

Die Kennzahl selbst setzt sich aus ermittelten Werten zusammen, die soziale, ökologische wie regionale Aspekte beinhalten. Der Konvent der Grundwertekammern ermittelt die soziale Relevanz eines Berufs für unsere Gesellschaft. Fachkammern und Wissenschaft bewerten das Berufsbild unter ökologischen Aspekten. Darüber hinaus kann uns die fortschreitende Digitalisierung wertvolle Wirtschaftsdaten liefern, die ebenfalls in die umweltrelevante Untersuchung mit eingebracht werden.

Wichtig ist nicht nur herauszufinden, wie vereinbar der Beruf mit den ökologischen Zielen unserer Gesellschaft ist, sondern auch, wie sich diese Bewertung durch die Ausübung der Tätigkeit in einem Unternehmen verändert. Steht der Arbeitgeber auf schwarzen Listen von Umweltorganisationen oder wird das Wirtschaftsunternehmen wegen Umweltschädigungen verklagt, fließt dies in die Bewertung ein und macht den Beruf an sich ökologisch nicht schlechter, jedoch ausgeübt bei einem Umweltsünder. Durch diese mehrschichtige Analyse werden Firmen gezwungen, sich respektvoll gegenüber der Umwelt zu verhalten, um als attraktiver Arbeitgeber zu gelten.

Der letzte Aspekt, den der Relevanzkoeffizient beinhaltet, ist die regionale Bedarfsquote. Hierdurch soll eine bessere Ressourcenverteilung ermöglicht werden. Ein Arzt, der, wie Hunderte weitere, im urbanen Raum praktizieren möchte, ist zwar sozial wie ökologisch relevant, jedoch deutlich geringer im Regionalfaktor zu bewerten als ein Mediziner, der auf dem Land vor Ort in schlecht versorgten und strukturschwachen Gebieten seine Praxis unterhält.

Auf einfache Weise vermittelt die Relevanzkennziffer den Stellenwert eines Berufs in unserer Gesellschaft der Zukunft, was sich auch in der Wertschätzung widerspiegeln wird. Er wird aber auch dafür sorgen, dass einst schlecht bezahlte, jedoch gesellschaftlich sehr relevante Berufe endlich die Bezahlung erhalten, die sie unserer Gesellschaft wirklich wert sind. Dies geschieht durch das Sozialeinkommen im Bereich der Teilhabesicherung.

TEILHABE SCHAFFEN UND SICHERN

Sprechen wir über die Entkoppelung von Existenz und Einkommen, reden wir ausschließlich über Geld. Ob als bedingungsloses Grundeinkommen (BGE) oder Solidareinkommen, wir gehen davon aus, dass ein regelmäßiger Betrag einer bestimmten Höhe Menschen an der Gesellschaft teilhaben lässt, zumindest aber ihre Existenz sichert.

Nüchtern betrachtet, sichern ein Dach über dem Kopf, ausreichend Nahrung und eine gute Gesundheitsgrundversorgung das Dasein. Zum Leben erwecken wir unsere Existenz erst durch fortwährende Bildung und eine Aufgabe, der wir gerne nachgehen, am besten innerhalb einer Gemeinschaft.

Erinnern wir uns, der Mensch ist ein soziales Wesen. Das Ausschütten reiner Geldbeträge würde uns gesellschaftlich keinen Schritt weiterbringen. Zum einen brächte es keinen kulturellen Wandel in unsere Gesellschaft, denn nach wie vor würden wir uns weiterhin dem lieben Geld unterwerfen.

Der weitaus kritischere Aspekt ist, dass die Selbstverantwortung als unwichtiger als die freiheitliche Selbstbestimmung empfunden wird. Es mag anklagend klingen, jedoch wäre anzunehmen, dass das bloße Ausschütten von Geld den Konsum anheizte, aber keinerlei Wirkung auf die persönliche Entwicklung des Individuums hätte.

Wir sind jahrelang aufgewachsen in einer Gesellschaft, in der Status und materielle Werte den Habitus des Menschen auszeichnen. Wie also können wir glauben, dass sich diese Situation umgehend ändern würde, bekäme jeder von uns ein bedingungsloses Grundeinkommen? Vor Langeweile, weil wir nie gelehrt bekamen, uns selbst und somit auch die Gesellschaft, in der wir leben, nach vorne zu bringen, würden wir zu dem altbewährten Mittel für Glückseligkeit greifen: dem Konsum. Nicht zuletzt durch die spätkapitalistischen Auswirkungen nahmen wir uns die letzte Chance auf das Gelingen eines BGE: Die Zunahme von befristeten Beschäftigungen und prekären Arbeitsverhältnissen zwingt immer mehr Menschen in die Verschuldung.

Trotz der anhaltenden guten wirtschaftlichen Lage ist die Anzahl überschuldeter Privatleute in Deutschland in den vergangenen Jahren jährlich gestiegen. Selbst den lange verteidigten Titel des »Sparweltmeisters« sind wir los: Mehr als ein Viertel aller Deutschen verfügt über keinerlei Sparguthaben oder Rücklagen. Der Grund ist in kleinen statistischen Tricksereien zu finden. Längst nämlich sind Menschen, die zur Mittelschicht gezählt werden, eigentlich arm. Sie wird nur großgerechnet von Wirtschaftsinstituten und der Bundesregierung.

Die Lebenshaltungskosten gerade in urbanen Räumen lassen schnell ein mittleres Einkommen schmelzen, sodass selbst für Kultur und Freizeit nichts mehr übrig bleibt. Das reine Ausschütten von Geld also hätte weder eine echte Teilhabe zur Folge noch das Stärken von Solidarität und Gemeinschaft. Jeder Einzelne würde wieder tun, was er bis dato getan hat: sich um sich selbst kümmern und sich endlich einmal wieder etwas Schönes leisten. Nun sollten wir die Idee eines bedingungslosen Grundeinkommens dennoch nicht vergessen, denn sie wird funktionieren – in der zweiten Zukunft.

In einer Zeit, in der unsere Gesellschaft wieder zusammengehalten wird von Gemeinschaftssinn und Miteinander. Durch eine Bildung, die dem Menschen dient und nicht mehr der Wirtschaft. Erst wenn wir wieder immaterielle Werte zu schätzen gelernt haben, wird eine rein materielle Zuwendung ihre erzielte Wirkung entfalten.

Der Weg dorthin geht über die unmittelbare erste Zukunft, geknüpft an Bedingungen und ein Bekenntnis jedes Einzelnen gegenüber der Gesellschaft, in der wir leben. Wir müssen uns wieder kümmern. Um uns, unsere Umwelt, unseren Lebensraum und unsere Mitmenschen.

Teilhabe an der Gesellschaft ist die Basis und Egalität der Nährboden für Solidarität. Um einen gesellschaftlichen Wandel einzuläuten, müssen wir zunächst für viele Menschen den Zugang zur Gemeinschaft wieder schaffen, bevor wir beginnen, ihn zu sichern. Kleine Schritte mit großer Wirkung werden uns zeigen, dass wir uns bewegen und motivieren, diesen Weg weiterzugehen.

Ein wichtiger Schritt bei der Schaffung echter Teilhabe und Egalität ist die Entstigmatisierung von Armut. Seit 1993 kümmert sich die Tafel e.V. um die Lebensmittelgrundversorgung von Menschen, die zu arm für einen Supermarkteinkauf sind. Zwar lindert diese hilfreiche Einrichtung nachweislich Not, bedient jedoch gleichzeitig die Stigmatisierung von Bedürftigen.

Während wir in den nächstgelegenen Lebensmittel-einzelhandel gehen und eine Weile vor vollen Regalen stehen, bis wir uns ob des vielfältigen Backwarenangebots endlich entscheiden können, müssen Menschen in unserem reichen Land lange Wege zur Tafel auf sich nehmen und Schlange stehen für einen Laib Brot.

Es ist ein Leichtes, dies zu ändern. Die Ware, die bis dato abends zur Abholung bereitgestellt wird, bekommt einfach einen eigenen Platz innerhalb des Supermarkts, besser noch, sie bleibt am ursprünglichen und erhält einen kleinen Aufkleber. In Zukunft gehen wieder alle in denselben Laden: gut situierte wie bedürftige Menschen. Man sieht sich, kommt ins Gespräch und steht gemeinsam an der Kasse. Während jene, die über das notwendige Geld verfügen, mit dem Smartphone bezahlen, zeigen Bedürftige auf ihrem Handy ihren Sozialausweis. Eine weitere technische Entwicklung spricht für diese Idee: Hoch technisierte Warenstromsimulationen bringen den Supermärkten heute den Vorteil, die Menge an spendenfähigen Lebensmitteln deutlich zu reduzieren.

Was ökologisch zu begrüßen ist, schafft neue soziale Probleme: Die Tafeln verfügen bei stetig wachsender Kundschaft über immer weniger Ware. Fleisch- und Frischfischwaren sind von jeher ausgenommen, ebenso Kühlprodukte, wenn eine Tafelfiliale nicht die notwendige Kühlkettengarantie nachweisen kann. Warum also der gesamte Aufwand für immer mehr Menschen und immer stärker reduziertes Warenangebot, wenn es ebenso direkt geht? Welches Warenangebot im Sozialregal vorhanden ist, kann künftig in der Teilhabe-App vorab abgefragt und überprüft werden. Die Digitalisierung wird uns helfen, Ressourcen intelligent zusammenzubringen, und allen Menschen in unserer Gesellschaft zu einer Verbesserung ihrer Lebenssituation verhelfen.

Neben dem Abbau von Diskriminierung ist es notwendig, Einladungen zur Teilhabe anzubieten in Bereichen, die eine gute Gesellschaft ausmachen: Kultur, Bildung und Gesundheit. Kurzum: Es muss uns gelingen, dass wir unsere Freizeit wieder bevorzugt aktiv gestalten und uns von medialen Endgeräten zumindest zu einem Großteil verabschieden.

Jedes fünfte Kind lebt in Deutschland in oder an der Grenze zur Armut. Wenngleich ein geringer Monatsbeitrag, z.B. für einen Sportverein, für viele bezahlbar ist, können ihn sich doch nicht alle leisten. Darüber hinaus darf die Ausübung einer Sportart nicht vom Geldbeutel abhängen. Wer Tennis oder aber gerne Golf spielen möchte, sollte dies unabhängig vom finanziellen Hintergrund ausüben können. Der barrierefreie Zugang fördert nachweislich die Egalisierung und verhindert eine weitere Elitenabschottung unserer Gesellschaft. Gerade Sport verbindet, integriert und leistet einen enormen Beitrag zum Gemeinwohl. Durch die Kommerzialisierung von Sport- und Fitnessangeboten trat in den vergangenen Jahren der gute alte Verein zunehmend in den Hintergrund. Viele gemeinnützige Träger mussten Platz machen für Fitnessketten und Lifestylefirmen. Wir aber brauchen sie wieder, die Sportstätten, zu denen jeder von uns Zugang hat und Anschluss findet.

Für Kinder müssen sportliche Aktivitäten geradezu verpflichtend werden. Zum einen, da Schulsport, sofern er überhaupt stattfindet, immer weniger Stellenwert genießt, zum anderen jedoch, um von Kindheit an außerhalb der Schule in einer weiteren Peergroup Gemeinschaft und Verantwortung zu lernen. Eigene sportliche Erfolge fördern die intrinsische Motivation und schulen Motorik und Konzentration.

Ebenso verhält es sich mit kulturellen Angeboten. Ob Zoo, Botanischer Garten oder der Besuch eines Kunstmuseums, der Oper oder eines Musicals – eine Gemeinschaft ist nur so gut wie ihr kultureller Bildungsgrad. Kunst und Kultur, die nicht frei zugänglich für alle ist, entfernt uns vom Ideal einer guten Gesellschaft und entzweit sie. Da verkommt Hochkultur wie etwa die Bayreuther Festspiele zuweilen zur blanken Präsentationsfläche pseudointeressierter Politprominenz, während ernsthaft Interessierte die Dauerkarte fürs Draußenbleiben abonnieren.

Wenn aber der Staat Kulturveranstaltungen finanziell mitträgt, muss auch die Chance gewährleistet sein, bei Interesse einmal in seinem Leben einen Lohengrin live zu sehen und nicht wieder verdammt zu werden, vor der Glotze zu hängen. Die ARD gibt jährlich rund 400 000 Euro allein an Lizenzgebühren für das Bayreuther Opernspektakel aus. Die Karten für die Festspiele gehen hingegen in Mehrheit überhaupt nicht in den Verkauf. Diese Missstände dürfen nicht mit in die Zukunft genommen werden.

Der freie Zugang zu Kultur, Sport und Bildung gewährleistet die Teilhabe an unserer Gesellschaft. Die bisherige Lösung ist reine Bürokratie, die wenig Lust auf Kultur macht: Kinder und Jugendliche bis 18 Jahre erhalten nach Antragstellung mit einem Bewilligungsformular beim Jobcenter bis zu zehn Euro monatlich für soziale Teilhabe. Für jedes Kind muss ein gesonderter Antrag ausgefüllt und eingereicht werden. Erwachsene werden ausgeschlossen. Hier zeigt sich die demotivierende Systematik: Bildung und Kultur erhalten in unserer Gesellschaft jene, die es sich von Haus aus leisten können. Der Rest muss dafür Anträge stellen.

Unter diesem Aspekt ist es geradezu zynisch, von bildungsferner Schicht zu sprechen. Wir müssen von zugangsverhinderter Schicht reden und es ändern. Dabei wird es nicht ausreichen, Kultur und Bildung kostenfrei und für jedermann zugänglich zu machen. Wer in seinem bisherigen Leben keinerlei kulturelle Bildung genießen konnte, wird auch weiterhin kein Interesse dafür aufbringen. Was wir nicht kennen, kann uns nicht fehlen, obgleich es uns fehlte, wenn wir es kennen würden. Ähnlich verhält es sich mit Menschen, die irgendwann einmal im Theater waren, ein Konzert besuchten oder Bücher lasen. Wenn Geld knapp wird, sind Kultur, Kunst und Bildung die ersten Sparopfer. Wer dadurch viele Jahre ohne kulturelle Teilhabe lebt, sucht sich alternative Beschäftigungen, die finanziell erschwinglich sind, die einen in der Freizeit vor Langeweile bewahren und dennoch Freude bereiten.

Gerade in den vergangenen Jahren zeigten sich das Internet und die damit verbundenen Möglichkeiten als große Chance. Ob Manager, ob Erwerbsloser – unsere Nation zockt, was die Tasten hergeben. Über alle Altersklassen hinweg wird gespielt. Wir hangeln uns von Level zu Level, spielen Karten, bauen virtuelle Städte, pflegen Farmen und zerbrechen uns den Kopf bei besonders kniffeligen Aufgaben. Dies alles, um nach Knacken des Rätsels die Portion Dopamin zu erhalten und mit ihm einen kleinen, selbst gemachten Glücksrausch.

Es ist völlig kontraproduktiv, wenn wir uns weiterhin gegenseitig bekämpfen: die Technikgegner, die gar digitale Demenzen befürchten auf der einen Seite, und die Digital Natives auf der anderen.

Die Zukunft bringt die Vorteile beider Seiten und Welten einfach zusammen und dient der Weiterentwicklung unserer Gesellschaft. Wenn also Spielen und Belohntwerden angenehme Freizeitbeschäftigungen sind, müssen wir dieses Muster auf Bereiche übertragen, deren Entwicklung uns innerhalb unserer Gemeinschaft wichtig ist.

Es mag trivial klingeln, und manch hoch gebildeter Kulturschaffender darf gerne im stillen Museumskämmerlein die Nase rümpfen: Wenn wir Menschen bewegen möchten, müssen wir sie berühren. Was ist überzeugender als ein kleiner Glücksrausch auf den nächsten?

Die Gamifizierung hat aufgrund ihrer nachgewiesenen Wirkung längst in Schulen wie im Arbeitsleben Einzug gehalten, da sie die Aufmerksamkeit steigert und zur Mitarbeit anregt. Dieses bewährte und bekannte Werkzeug muss in das gesellschaftliche Leben integriert und mit ihm der Wandel angestoßen werden. Moralische Dauerappelle wie wiederkehrende gute Ratschläge sind dagegen kontraproduktiv.

Also lasst uns die Spiele beginnen: Statt Anträge auf Bildungsgutscheine für Bedürftige beinhaltet die Teilhabe-App, die wir alle auf unserem Smartphone haben, eine Kulturrallye. Monatlich werden kleine Aufgaben gestellt und automatisiert die Gutscheine hinterlegt. Mit jedem erreichten Level werden die Aufgaben schwieriger und die Gutscheine mehr.

Wer beispielsweise im ersten Monat die Aufgabe

»Besuche ein wissenschaftliches Museum« erledigt hat, erhält im neuen Monat eine neue Challenge und neue Gutscheine. Jeder erobert für sich auf spielerische Art und Weise Kultur und Bildung, die ihn interessiert, gemeinsam hingegen leveln sich Gemeinden und Städte zur »aktivsten Kulturgemeinde« oder aber zur »sportlichsten Stadt«. Wir alle werden eine völlig neue Qualität von Freizeit erleben. Diese Art der digital unterstützten Gamifizierung unserer Freizeit wird uns ebenso hilfreich sein bei dem Wandel unserer Lebensweise hin zu einer ökologisch verträglichen.

Nicht nur der Zugang zur kulturellen Teilhabe muss für alle möglich sein, auch die notwendigen Informationen und Möglichkeit der Interaktion. Was vereinzelt in einigen Städten bereits als Frei-Funk oder Free WLAN angeboten wird, muss für jeden Bürger überall gewährleistet sein: ein Internetzugang. Städte und Gemeinden haben die Aufgabe, freie Funknetze zu installieren und diese genossenschaftlich zu betreiben. Nicht nur, weil wir mithilfe der Digitalisierung unsere Gesellschaft bewegen wollen, auch klassische eGovernment-Leistungen werden den konventionellen Gang zur Behörde ablösen.

Die Erreichbarkeit und die Kommunikation über dieses Medium müssen daher notwendigerweise in eine garantierte Grundsicherung integriert sein. Der Internetzugang gehört in Zukunft wie Strom, Wasser und Wärme in das Teilhabesicherungspaket eines jeden Bürgers. Diese Leistungen sind seitens des Staates sicherzustellen und nicht abschaltbar. Die jeweiligen Fachkammern geben den lokalen genossenschaftlichen Betreibern Empfehlungen über Verbrauch und Nutzung.

Es muss gewährleistet sein, dass eine gute Grundversorgung für jeden Einwohner garantiert wird. Ist der Verbrauch von Strom oder Wärme über den empfohlenen Werten oder aber wünscht sich der Bürger eine höhere Internetleistung, etwa um Streaming-Dienste zu nutzen, obliegt die Finanzierung des Mehrverbrauchs dem Konsumenten. Die grundlegende Versorgung jedoch wird von der Gemeinschaft übernommen.

Der wichtigste Punkt im Teilhabesicherungspaket fehlt noch. Es ist das größte vorherrschende Problem und an erster Stelle erwähnte Bedürfnis: ein Dach über dem Kopf. Jegliche Bemühungen der vergangenen Jahre griffen nicht, und so herrscht in zahlreichen Städten und Gemeinden akute Wohnraumnot. Nun lässt sich nur in einer sozialistischen Staatsform eine Wohnung für jeden Bürger garantieren, jedoch gibt es auch Mittel und Wege, in einem privatwirtschaftlichen Markt durch radikale staatliche Regulierungen zumindest wieder bezahlbaren Wohnraum zu schaffen.

In diesem Bereich werden wir die Mithilfe der demokratischen Fachkammern verstärkt benötigen. Sie werden die Aufgabe übernehmen, auf die repräsentative Politik Druck auszuüben, um eine Nachweispflicht für Eigentümer über die gesetzlich konforme Vermietung von Wohnraum einzuführen. Temporäre Vermietungen wie über AirBnB, aber auch vorsätzlicher Leerstand aus reiner Anlagespekulation werden in Zukunft sanktioniert. Auch wird die Grundsteuer trotz ihrer jüngsten Überarbeitung erneut reformiert. Sie eignet sich hervorragend zur Steuerung. Während in Zukunft der Besitz einer Immobilie grundsteuerbefreit ist, steigt die Abgabe mit der Anzahl der Immobilien exponentiell an.

Auch darf die Grundsteuer nicht mehr anteilig in den Nebenkosten an den Mieter weiterverrechnet werden. Eine Steuerreduktion kann erlangt werden, wenn der Eigentümer nachweist, dass die Vermietungen in einem transparenten und fairen Verfahren unter Einbezug des Relevanzkoeffizienten erfolgte. Wenn also der Vermieter die 120-Quadratmeter-Wohnung an die vierköpfige Familie der Pflegefachkraft vermietet anstelle des alleinstehenden Chefarztes, verringert sich seine Steuerlast. Doch wird es weitere Maßnahmen benötigen, um für Kapitalanleger und Finanzspekulanten das Sammeln von Immobilien weniger lukrativ zu gestalten.

Sieht man sich die kürzlich eingeführte Mietpreisbremse an, ist die grundlegende Idee eine gute, allein sie ging vom falschen Ausgangspunkt aus. Der der Regulierung zugrunde liegende Mietpreisspiegel wird zwar qualifiziert auf wissenschaftlicher Datenbasis erstellt, jedoch werden ausschließlich Objektzustand, Immobiliengegend sowie der Median aus den aktuell gezahlten Quadratmeterpreisen vergleichbarer Immobilien hinzugezogen. Als qualifizierte Mietspiegel notwendig wurden, waren die Immobilienspekulation und mit ihr die enorme Steigerung der Mieten bereits voll im Gange. Ein immer größerer Anteil des Nettoeinkommens von Mietern ging fortan an den Vermieter.

In einen sozialen Mietspiegel müssen sowohl soziale Infrastruktur des Viertels einfließen, in etwa die Qualität der Nahversorgung, Kindergärten und Schulen, Spielplätze, aber auch kulturelle Angebote, Sportstätten und Bildungseinrichtungen. Darüber hinaus muss in die Berechnung das reale Gesamteinkommen (Erwerbseinkommen wie Sozialeinkommen, welches im nächsten Punkt vorgestellt wird) der Haushalte berücksichtigt werden. Anhand dieser zusätzlichen, neuen Daten und unter Einbezug ermittelter Wohnungsgrößen pro Kopf sowie der Empfehlung der Höhe des Einkommensanteils, der für die Mieten aufgewendet werden sollte, entsteht ein realistischer Mietspiegel mit bezahlbaren Quadratmeterpreisen.

Um bestehende Ressourcen ebenfalls besser zu nutzen, werden auch Mieter, die mehr als 30 Prozent über der empfohlenen Wohnraumgröße nutzen, mit einer Luxussteuer belegt. Diese radikale Auslegung und Gestaltung einer Mietpreisbremse verhindert, dass Immobilienspekulationen unkontrolliert weiter zulasten der Mieter gehen werden. Auch wird der Ankauf von Grund und Boden für große Kapitalanleger damit uninteressant, da sich keine nennenswerten Renditen mehr realisieren lassen. Bei allen Verkäufen, sowohl Boden als auch Immobilien, müssen die Gemeinden ein kommunales Vorkaufsrecht erhalten und die Tradition von sozialen Wohnbaugenossenschaften wiederaufleben lassen.

Bezahlbare Mieten und ausreichend Wohnraum, die Grundversorgung an Strom, Wasser und Wärme, kostenfreie Angebote von Kunst, Kultur und Bildung, barrierefreier und garantierter Zugang zum Internet sowie die Entstigmatisierung ergeben das Teilhabesicherungspaket, welches jeder Bürger in Zukunft erhält.

Diese Art der Grundsicherung bedingt, dass aus unseren Gemeinden und Versorgern öffentliche Genossenschaften werden, in sich geschlossene, unabhängig funktionierende Gemeinschaften. Jeder Bewohner der Gemeinde wird mit Meldung »Genosse« und hat die Aufgabe, in gemeinsamer Selbsthilfe und Mitverantwortung durch Gemeinzeit die Gemeinschaft zu fördern.

SOZIALEINKOMMEN
DURCH GEMEINZEIT

Die Herausforderungen in der Zukunft sind gewaltig. Neben dem Kampf gegen die Klimakrise, Pflegenotstand und Altersarmut setzt die Digitalisierung, bei allen Vorteilen, die sie uns beschert, unserer Gesellschaft am meisten zu, wenn wir nicht aktiv werden. Durch den digitalen Wandel, durch Automatisierung und Robotisierung, durch Technologien wie Blockchain und KI wird ein Großteil der Arbeitnehmer von der Erwerbstätigkeit entbunden. Deshalb ist der Schritt der kleinen Vollzeit ein erster in eine neue Welt: Wir werden weniger für Unternehmen arbeiten, sondern Aufgaben innerhalb unserer Gemeinschaft übernehmen. Dies ist auch der Grund, weshalb ein BGE in seiner derzeit angedachten Form nicht wirkungsvoll wäre.

Neben der Tatsache, dass eine der größten Errungenschaften unseres Landes, der Sozialstaat, heimlich abgeschafft würde, bekäme jeder Mensch bedingungslos einen Geldbetrag, der seine Existenz und sein persönliches Fortkommen sichern soll. Nun gehen Menschen unterschiedlich mit Geld um. Was passiert mit jenen, die diese Zuwendung nicht für ihre Grundversorgung nutzen? Was geschieht mit jenen, die ausschließlich von der Gemeinschaft profitieren, aber nicht gewillt sind, etwas zurückzugeben? Soziale Konflikte scheinen vorprogrammiert.

Diese kritischen Fragen sind es auch, die Zweifler am BGE stets vehement dagegen plädieren lassen. Wenn wir jedoch die Bedenken aufgreifen und diese berücksichtigen, finden wir den Weg über das Teilhabesicherungspaket hin zu einem Sozialeinkommen. Während das BGE auf völliger Freiwilligkeit und Freiheit basiert und eine weitere Idee, das solidarische Grundeinkommen, nichts anderes ist als staatlich geförderte Zwangsarbeit, und nebenbei erwähnt keine sehr menschenfreundliche Idee, trägt das Sozialeinkommen allen Anforderungen Rechnung: sowohl den gemeinschaftlichen als auch den individuellen. Darüber hinaus wird es uns helfen, gesellschaftlich relevanten Tätigkeiten neue Wertschätzung und unserer zuweilen passiven Bildschirmfreizeit wieder aktiven Sinn zu verleihen.

Unser bisheriges Wirtschaftssystem gründet auf dem Wachstum von Kapital. Dieses wird erlangt durch Konsum, der in letzter Instanz im eigenen Haushalt stattfindet. Der Konsum, wie wir ihn bisher kannten, ist Motor des Kapitals, das sich in Verbrauchskreisläufen stets erneuert und erhält. Nun stellt uns die Zukunft vor zwei elementare Probleme: Schon heute verbrauchen wir durch unseren uneingeschränkten Lebensstil deutlich mehr, als uns die Erde jährlich an Ressourcen gibt, und wir begehen Raubbau an Rohstoffen und der Natur. Gleichzeitig werden die Erwerbseinkommen geringer, da durch die Industrie 4.0 weniger Menschen einer Erwerbstätigkeit nachgehen werden. Kurzum: Wir stecken in einer Zwickmühle.

Das verfügbare Geld wird weniger, und unser Konsum soll ebenfalls reduziert werden, aber niemand möchte seinen Lebensstandard zurückschrauben. Die Kunst also wird es sein, einen Rahmen zu schaffen, in dem Konsum reduziert werden kann, ohne dass unser Wohlstand dabei sinkt. Dies kann uns gelingen innerhalb von Subsistenzgemeinschaften und kooperierenden Kreativbereichen, die einen Teil unseres Wohlstands künftig selbst erbringen, unabhängig vom bestehenden Wirtschaftssystem. Dafür braucht es das Engagement jedes Einzelnen. Die Beschäftigungsmöglichkeiten sind unendlich. Ob ein Engagement in einer solidarischen Landwirtschaft, das Mitmachen bei Repaircafés und Tauschbörsen, ob Klavierunterricht oder Hausaufgabenbetreuung – was auch immer gebraucht wird, kann angeboten werden. Niemand hat das Recht, einen Mitmenschen zur Teilnahme zu zwingen. Weil aber die Mithilfe aller notwendig ist, werden Anreize gesetzt, sich wieder für die Gemeinschaft einzusetzen.

Deshalb wird ein zweistufiges, transparentes Sozialeinkommen eingeführt, das komplett digital verwaltet werden kann. Das Sozialeinkommen I in einer Höhe, die von der lokalen Grundwertkammer ermittelt wird, erhält jeder Bürger zum Teilhabesicherungspaket als monetäre Leistung. Um diesen Bezug zu aktivieren, muss eine Tätigkeit für die Gemeinschaft nachgewiesen werden. Dabei gibt es keinerlei Regeln und Vorschriften. Innerhalb der Teilhabe-App können sowohl von den Bürgern als auch von gemeinnützigen Vereinen oder staatlichen Einrichtungen Angebote eingestellt und kann bei Bedarf dafür in der Umgebung gesichtet werden. Per Klick können Aufgaben angenommen werden, und mit Erfüllung ist der Anspruch auf das Sozialeinkommen I aktiviert.

Durch dieses Prozedere werden Ehrenamt und Care Work honoriert, ebenso wie Arbeiten, die bis dato kostenlos in unserer Gesellschaft erbracht wurden, endlich begonnen auch durch Geld honoriert zu werden. Mützen stricken für Obdachlose macht Spaß und bedient einen Bedarf. Eine Torte backen für den Geburtstag des Nachbarkindes erfüllt beide mit Freude. Klavierunterricht geben für Jugendliche, deren Eltern nicht das notwendige Geld haben für eine private Musikschule, fördert das Fortkommen im Kleinen wie Großen. Gemeinsam das Schulhaus auf Vordermann bringen oder den Spielplatz zu renovieren, beim Joggen am Fluss entlang den Müll aufsammeln. Was auch immer wir einbringen – jede Tätigkeit, die einen Bedarf der Gemeinschaft oder den eines Individuums erfüllt, zählt.

Die Art und Weise, wie jeder sich in die Gemeinschaft einbringt, ist allein die Entscheidung des Einzelnen. Kinder unter 14 Jahren erhalten das Sozialeinkommen durch den Nachweis der Teilnahme an gemeinschaftlichen Aktivitäten wie den Besuch eines Sportvereins oder Ähnliches. Mit Eintritt ins Jugendalter hingegen wird auch hier ein aktives Einbringen gefordert. Bis ins hohe Alter können wir uns nach Fähigkeiten und Möglichkeiten einbringen.

Diese Stunden werden wir individuelle Gemeinzeit nennen. Als Vertreter einer Fachkammer oder der Grundsatzkammer ist die Gemeinzeit ebenso automatisch eingebracht wie durch ein Engagement in einem gemeinnützigen Verein, Interessengruppen, bei der freiwilligen Feuerwehr oder dem THW.

Ist das Sozialeinkommen I durch das aktive Gestalten bestätigt, kann dies durch eigene Leistung in eine zweite Stufe erhöht werden. Wer im Durchschnitt zehn Stunden oder mehr pro Woche nachgewiesene Gemeinzeit leistet, erhält automatisch das Sozialeinkommen II. Bei Erwerbstätigen ist dies einfach berechnet: der Lohnausgleich multipliziert mit dem Relevanzkoeffizienten des eigentlichen Berufs. Wer sich überdurchschnittlich für die Gemeinschaft einsetzt und zudem einer sehr relevanten Erwerbstätigkeit nachgeht, muss dafür nicht nur wertgeschätzt werden, sondern künftig auch monetär anständig entlohnt werden. Durch diesen Hebel gelingt es uns, dass wir das Problem der drohenden Armut bei gesellschaftlich relevanten Berufen abschaffen: Eine Altenpflegefachkraft, die durch die 30-Stunden-Woche einen Anspruch auf 600 Euro Lohnausgleich und deren Berufsbild den höchsten Relevanzfaktor 5 hat, erhält folglich 3000 Euro Sozialeinkommen II.

Der Investmentbanker hingegen, der durch die Arbeitszeitreduktion möglicherweise 2000 Euro Ausgleichsanspruch besitzt, jedoch einen niedrigen Relevanzfaktor von 1,25 vorweist, bekommt bei Aktivierung des Sozialeinkommens II nur 2500 Euro. Die Gesamthöhe des Sozialeinkommens II wird begrenzt auf 5000 Euro. Bei Selbstständigen und Freiberuflern wird als Lohnausgleichsgrundlage 25 Prozent des monatlichen Nettoumsatzes nach Steuern als Grundlage genommen.

Einen besonderen Status erhalten Alleinerziehende: Da die erzieherische Last auf den Schultern einer Person liegt, wird die Stundenanzahl zur Aktivierung des Sozialeinkommens II auf fünf Stunden reduziert. Menschen in unserer Gemeinschaft, die aufgrund psychischer oder körperlicher Einschränkungen nicht in der Lage sind, Gemeinzeit einzubringen, wird automatisch das Sozialeinkommen I neben den bisherigen Zuwendungen zur Verfügung gestellt.

Ziel ist eine Gemeinwohlgesellschaft auf Basis genossenschaftlicher Subsidienz, in der es keine Möglichkeiten mehr gibt für die Privatwirtschaft, mit der Daseinsvorsorge der Bürger wie Wohnraum, Wasser, Wärme, Energie, aber auch Kultur und Bildung zu spekulieren.

Weiter gedacht muss das Sozialeinkommen ausgebaut werden und die herkömmliche Rente ablösen. Betrachtet man den demografischen Wandel, aber auch den zunehmenden Ausstieg der jüngeren Arbeitnehmer aus dem Generationenvertrag, indem sie vermehrt ihr Einkommen aus eigenständigen Einkünften bestreiten, die nicht der Rentenabgabe unterliegen, werden wir nicht umhinkommen, auch die Rentenversorgung umzugestalten. Dadurch wird die neue Gemeinwohlgesellschaft das Fundament unserer Wirtschaft und macht sie automatisch nachhaltiger. Zum einen, weil wir künftig die Freiheit haben, einen bisher gering geschätzten Beruf aufgrund unserer Fähigkeiten ergreifen zu können, ohne dabei in Armut abzugleiten, zum anderen, weil sich Arbeitgeber um einen attraktiven Relevanzfaktor bemühen werden, um geeignetes Personal zu finden.

Wer innerhalb dieses sehr freiheitlichen Systems keinerlei Interesse daran zeigt, sich in die Gemeinschaft einzubringen, würde auch, so dürfen wir annehmen, bei einem bedingungslosen Grundeinkommen ausschließlich von der Gemeinschaft partizipieren. Gesellschaft jedoch funktioniert nur, wenn ein Großteil, am besten alle, sich auf vielfältige Weise einbringen. Dennoch darf niemand gegen seinen Willen dazu gezwungen werden. Wohl aber kann und muss die Gemeinschaft klare Regeln aufstellen, um auch ihren Fortbestand zu sichern.

Die Wirtschaftsnobelpreisträgerin Elinor Ostrom, die sich mit dem Aufbau und der Gestaltung von sogenannten Commons, kleinen, demokratisch sich selbst verwaltenden Gemeinschaften, beschäftigt hat, bestätigte in ihren Forschungen, dass ohne klare Regeln und deren Überwachung sowie den Ausschluss von Nichtberechtigten keine Gemeinschaft zu gestalten ist.

Das Einbringen der Gemeinzeit muss demnach als Regel dienen. Verstößt ein Mitglied gegen diese Regel, benötigt man abgestufte Sanktionsmöglichkeiten. Heute ist die ultimative Sanktion das absolute Verwirken jeglicher Leistung und somit die unmittelbare Gefährdung der Existenz des Menschen. Dies darf in Zukunft nicht mehr gestattet sein. Wohl aber muss als Sanktionskriterium bei mehrmaliger Nichtteilnahme die Reduktion der gemeinschaftlichen Leistungen auf das Teilhabesicherungspaket sowie eine Notgrundversorgung in minimaler Höhe, die ebenfalls von der Grundwertkammer lokal empfohlen wird, in Betracht gezogen werden. Um jedoch diesen Fall vorab zu verhindern, müssen wir beginnen, Solidarität, Gemeinwohl und Mitmenschlichkeit wieder von Kindesbeinen an zu vermitteln, innerhalb unseres Bildungssystems.

ZURÜCK ZUR URSPRÜNGLICHEN BILDUNG

Glaubt man den Kultusministerien unserer Länder, ist das jeweilige Bildungssystem das beste. In Wahrheit aber sind sie, unabhängig von Land und Ausprägung, schlecht. Es ist leicht, den Schuldigen in den Lehrbeauftragten zu finden. Sie aber sind ebenso Leidtragende wie die Schüler selbst. Wir alle wissen, dass seit Jahren zu wenig Geld in die Bildung und deren Infrastruktur fließt. Wo investiert wird, geschieht dies unter einem Spardruck. Schulhäuser sind heruntergekommen, Lehrmittel völlig veraltet, es wird sogar von Fällen berichtet, bei denen Grundschüler selbst für Toilettenpapier sorgen müssen. Dies alles wäre erträglicher, wenn die Bildungsqualität selbst eine hohe wäre. Davon jedoch sind wir weit entfernt. Zwei grundlegende Entwicklungen fördern diese desolate Situation.

Die heutige Schulbildung hat sich vom klassischen Leitbild der Bildung gänzlich entfernt und dient dazu, aus Schulen strebsame Leistungsbringer für die Wirtschaft hervorzubringen. Wir lernen nicht mehr für das Leben, sondern für die erste befristete Stelle in der Arbeitswelt. Mehr noch: Unsere Schüler können nach Abgang vom Gymnasium blind den Zitronensäuren-Zyklus herunterbeten, aber haben keinerlei Vorstellung von ihren eigenen Fähigkeiten und Fertigkeiten. Diese nämlich werden im standardisierten Schulbetrieb nicht mehr gefördert.

Vor über 200 Jahren prägte Wilhelm von Humboldt den Bildungsbegriff. In einer Zeit, in der bereits begonnen wurde, das Individuum innerhalb der Gesellschaft auf seine Funktion zu reduzieren. Weil er in dieser »Verzweckung« des Menschen durch beginnende Spezialisierung jedes Einzelnen erkannte, dass eine »volle Menschlichkeit« nicht mehr möglich sei, müsse eine allseitige, ganzheitliche Menschenbildung gefördert werden. 100 Jahre später sah Georg Kerschensteiner in der »Berufsbildung die Pforte zur Menschenbildung«, und Maria Montessori war überzeugt, dass jedes Kind einen »Bauplan der Seele« verinnerlicht, nach welchem sich das Kind entsprechend entfalten und entwickeln sollte. Allen Bildungsdefinitionen liegen die Schulung und Stärkung der »inneren Kräfte« zugrunde. Ein kleiner Mensch entwickelt durch das Erleben eigener Erfolge und selbst erarbeiteter Ergebnisse Motivation, die von innen heraus wächst. Genau diese Motivation benötigt es, um sich aktiv auf den eigenen Lebensweg zu machen und diesen erfolgreich für sich selbst und wertvoll für die Gemeinschaft zu gehen.

Schulfächer wie Kunst, Musik und Sport sind es, die unsere Kreativität und Kooperationsfähigkeit schulen. Genau diese Schulfächer werden in ihrer Stundenzahl reduziert. Für sächsische Schüler mag es eine gute Nachricht sein, für die Bildungsqualität ist die Maßnahme, mit der das Kultusministerium einem Lehrermangel entgegentritt, eine enorme Einbuße: Ab 2019/2020 werden die Schüler in diesem Bundesland kürzer die Schulbank drücken müssen, denn einige Unterrichtsstunden in den Fächern Sport, Musik, Biologie und den Fremdsprachen werden kurzerhand gestrichen. Demgegenüber wird seitens der Wirtschaft, aber auch auf Wunsch vieler Eltern seit geraumer Zeit versucht, Programmieren zulasten traditioneller, kreativer Fächer in den Stundenplan mit aufzunehmen.

Was aber nützt es, jedem Grundschüler das Programmieren beizubringen, wenn die eigentliche Aufklärung über das Digitale bis zum Abitur hin nicht gelehrt wird? In jeder Entwicklung gibt es große Anfangsschwierigkeiten. Betrifft die Entwicklung eine gesamte Gesellschaft, kann diese sogar durch die anfänglichen Probleme gefährdet werden. Hatespeech, Fake News, Bullying, Spamming und Scamming – allesamt Wörter, die wir vor weniger als zehn Jahren weder kannten noch benötigten, die uns aber heute betreffen und schädigen.

Die Digitalisierung verändert unser gesamtes Leben und beeinflusst auch, das wird gerne vergessen, unseren sozialen Lebensraum. Daher benötigen wird dringend Bildung und Erziehung für diese neue Entwicklung, denn sie stellt die Regeln unserer alten Welt völlig auf den Kopf. In ihr gilt nicht mehr kategorisch das Recht des Stärkeren, sie ist direkter, transparenter und demokratischer. Gleichzeitig ist sie durch ihre Schnelligkeit und wachsende Größe anfällig für Intransparenz, Manipulation und Irreführung.

Es ist der falsche Weg, zu glauben, einige Stunden Medienkompetenz würden reichen, um unseren Kindern Aufklärung im Digitalen zu vermitteln. Die digitale Welt ist viel mehr als ein Medium: Sie ist eine neue Welt, in die wir einziehen werden. Unsere Kinder müssen zunächst diese neue Welt mit ihren Möglichkeiten und Gefahren verstehen, bevor wir sie lehren, Code dafür zu schreiben. Statt weiterhin dafür zu sorgen, dass unser Schulsystem wirtschaftlich verwertbares, gut funktionierendes Humankapital erzeugt, müssen wir zurück zu einer neuen, humanistischen Bildung im Zeitalter der Digitalisierung, die selbstständige Menschen mit gefestigten Werten, Herz und Hirn hervorbringt, die keine Angst vor dem Ungewissen haben, sondern es mit Neugier erobern.

Es wird Jahrzehnte dauern, und damit zu lange, bis unser existierendes Schul- und Bildungssystem den Anforderungen genügt, die die Digitalisierung an uns stellt, denn es braucht einen radikalen Umbau. Das Notensystem, das rein faktisch prüfbare Leistungen bewertet, wird der individuellen Entwicklung eines Individuums in keiner Weise gerecht. Zudem schürt es das Konkurrenzverhalten innerhalb einer Klasse. Wir aber werden künftig zusammenarbeiten, gemeinsam gestalten und in Gruppen Herausforderungen bewältigen. Ob im öffentlichen Leben in nachbarschaftlich organisierten Gemeinschaften oder projektbezogen in der Arbeitswelt von morgen: Überall wird von uns ein kreativ-kooperatives Verhalten erwartet. Wir werden gemeinschaftlich außer Konkurrenz arbeiten und leben. Das ist der grundlegende Unterschied zwischen alter Welt und neuer. Daher werden auch Noten in Zukunft überflüssig.

Heute noch wird Schülern beigebracht, was der Computer bereits viel schneller und besser kann. Dennoch halten wir daran fest, unsere Kinder in Konkurrenz zu einer Maschine auszubilden. Niemand jedoch benötigt in wenigen Jahren noch umfangreiche Sprachkenntnisse, wenn ein kleiner Knopf im Ohr uns simultan übersetzt, was unser fremdsprachiger Gesprächspartner erzählt. Was mit der Einführung eines Taschenrechners begann, wird konsequent weitergeführt: Die Quälerei durch Formeln und Funktionen wird der Computer für uns erledigen. Die Bildung der Zukunft unterscheidet sich elementar von der heutigen: Sie wird lehren und fördern, was uns Menschen von der Maschine unterscheidet und wie wir im Zeitalter der künstlichen Intelligenz mit Maschinen umgehen müssen.

Eine Studie von Forschern der Universität Duisburg-Essen förderte zutage, dass ein Drittel der Testpersonen ein Problem mit dem Abschalten eines sogenannten Naos, eines menschenähnlichen Roboters, hatten, weil dieser bettelte, am Strom bleiben zu dürfen. Wir Menschen sind anfällig für soziale Signale, auch wenn diese von Maschinen ausgehen. Wenn Maschinen uns jedoch immer ähnlicher werden, müssen wir lernen und lehren, wie wir unser traditionelles Sozialverhalten, das sich bisher nur auf Lebewesen bezog, auf diese neue Herausforderung einstellen.

Wir werden neue Schulfächer auf den Stundenplänen finden wie Kreativitätstraining, Wertevermittlung, Mensch-Maschinen-Soziologie und Psychologie, Gemeinschaftskunde oder Ökologie. Zwischenmenschlichkeit und Mitgefühl, Empathie und Solidarität können wir nur durch und mit Menschen lernen, nicht von Maschinen, obgleich sie alle Gefühle in uns ansprechen können. All diese Werte brauchen eine Renaissance, um unsere Gemeinschaft wieder zu stabilisieren und ihr Resilienz zu verleihen. Die Beziehung zwischen Schülern und Lehrern muss sich dafür ebenso verändern: weg vom mächtigen Notengeber hin zu einem kooperativ-unterstützenden Vertrauensverhältnis. Vertrauen und individuelle Förderkonzepte können nur auf einem stabilen, freiheitlichen Grund wachsen.

Längst jedoch ist in unserem Schulbetrieb eine Zweiklassengesellschaft eingezogen: verbeamtete Fachkräfte auf der einen und Lehrpersonal mit Kettenbefristung auf der anderen Seite. Dieser Auswuchs an Zeitverträgen bedingt, dass selbst während eines Schuljahrs Wechsel stattfinden. Darüber hinaus sind Befristungen probates Mittel gegen Veränderung: Kein junger Nachwuchslehrer wird sich gegen alteingesessene Beamte, die ihm vorstehen, stellen, denn das Arbeitsverhältnis stünde noch vor dem befristeten Ende vor dem Aus.

Um diesen Maulkorb der Modernisierung zu lösen, müssen gerade in dem Sektor, der Spitzenreiter ist, was befristete Verträge angeht, jene unterbunden werden: im öffentlichen Dienst. Nicht zuletzt darf Bildung keine Ländersache mehr sein: Sie ist die Aufgabe einer gesamten Gesellschaft. Gerade in einer Zeit, die eine immer höhere Mobilität auch über die Landesgrenzen hinaus von uns abverlangt, müssen wir ein einheitliches Bildungskonzept gewährleisten können. Weil aber die aufgeführten Änderungen das bisherige System nicht reformieren, sondern ablösen würden, wird die Bereitschaft auf politischer Ebene nur sehr langsam wachsen.

Das Suchen und Finden von qualifiziertem und geeignetem Lehrpersonal wird zudem ein nahezu unlösbares Problem. Schon heute entscheiden sich kompetente Kräfte gegen eine wissenschaftliche oder schulische Laufbahn, da die freie Wirtschaft mit Gehältern lockt, die der Staat nicht aufbringen will oder kann.

Wir haben keine andere Wahl: Bildung und Erziehung gilt es wieder gesamtgesellschaftlich zu verankern. Das ausschließliche Abgeben der erzieherischen Aufgabe an qualifizierte Fachkräfte im Bildungswesen ist nicht zukunftsfähig. Auch wird es nicht ausreichen, dass wenige Sprösslinge heute bereits auf Privatschulen und halb öffentlichen Bildungseinrichtungen eine moderne, individuelle Erziehung erhalten.

Zu viele Kinder und Jugendliche, denen nur der staatlich vorgeschriebene Gang durchs konventionelle Bildungswesen bleibt, werden das Nachsehen haben. Bildung muss wieder überall stattfinden: im Elternhaus, in der Schule wie in unserer Gesellschaft. Es braucht die Mithilfe aller, um unsere Kinder auf den Weg in die neue digitale Welt zu begleiten und sie mit gefestigten, gelebten Werten in jene zu entlassen.

Weil wir auch in nächster Zukunft keine ausreichende Anzahl an geschulten Fachkräften aufgrund des blanken Personalmangels haben werden, wird uns die Einführung der Gemeinzeit helfen. Erfolgreiche Kompetenzträger in Bereichen, die im Schulwesen nicht oder nur bedingt von Lehrkräften bedient werden, können ihr Wissen in Kursen an interessierte Jugendliche weitergeben.

Wenn unsere Kinder schon Programmieren lernen, sollte dies doch durch Leute aus der Praxis geschehen und nicht durch den Mathematiklehrer, der einige Zusatzstunden aufgebrummt bekommt. Auch müssen Eltern ihrer Pflicht, sich gemeinsam mit ihren Kindern zu beschäftigen, wieder verstärkt nachkommen. Die Einführung der kleinen Vollzeit mit der Verknüpfung, Sinnvolles in der neu entstandenen Gemeinzeit zu tun, wird verhindern, dass wir 30 Jahre nach Geburt einer gesellschaftlich irrelevanten Unterhaltungskultur eine neue solche erleben.

Die Einführung des Sozialeinkommens schafft den finanziellen Spielraum, den junge Erwachsene, schaut man auf die Abbruchquoten bei Studien- wie Ausbildungsgängen, dringend nötig haben: ein verpflichtendes biografisches Orientierungsjahr. Immer schneller werden Kinder durch das Schulsystem gejagt. Die Umstellung im Hochschulbetrieb auf Bachelor und Master, ebenso wie die Gymnasialzeitverkürzung G8 diente nur einem Zweck: dem Fachkräftemangel entgegenzuwirken und die Wirtschaft schneller mit qualifizierten Arbeitskräften zu versorgen. Dass dabei der Mensch auf der Strecke bleibt, ist zweitrangig, da der künftige Arbeitgeber nur an dessen Funktion interessiert ist.

In der Schulzeit fehlt es an Praktika und Probierwochen, um die eigenen Fähigkeiten und Fertigkeiten innerhalb der Arbeitswelt auszutesten. Wir werden älter, und gleichzeitig verkürzt sich die Bestandsdauer von Berufsbildern. Umso wichtiger ist es, in jungen Jahren herauszufinden, welche Tätigkeit den eigenen Fertigkeiten entspricht und Freude bereitet. Dies verschafft Stärke, die es in einem immer schneller werdenden Erwerbsleben braucht. Gleichzeitig stärkt das biografische Orientierungsjahr das Selbstvertrauen und ist ein wichtiger Schritt in ein unabhängiges, selbstbestimmtes Leben.

VON DER UNWELT ZUR UMWELT

Was bringt eine wiedererstarkte Demokratie und eine neue, selbstbewusste Gesellschaft, wenn ihr Lebensraum auf der Kippe steht? Geht es um die Umweltverschmutzung, führen wir seit Jahrzehnten doppelte Buchhaltung: Unser Konsumverhalten schädigt Natur und Umwelt so sehr, dass viele der Auswirkungen erst in einigen Generationen sichtbar werden. Zwar wissen wir das längst, es kümmert uns allerdings wenig, weil wir die Konsequenzen nicht unmittelbar spüren.

Heute leben wir in unserer Wohlstandsbequemlichkeit zulasten anderer: Wir verschiffen unseren Elektroschrott nach Afrika und exportieren unsere Plastikabfälle nach China. Wir schaffen weg, was wir nicht mehr benötigen. Aus dem Auge, aus dem Sinn. Lange wird dies nicht mehr funktionieren, denn China hat, zu Recht, den Import ausländischen Kunststoffmülls gestoppt. Es ist nur nachvollziehbar, dass keine Nation dieser Erde die Müllkippe der Welt werden möchte.

Der Konsum von Alltagsgütern wird sich enorm ändern, denn wir leisten uns mehr, als wir uns leisten können. Anstelle sorglosen individuellen Konsums werden wir wieder auf Qualität und Langlebigkeit setzen. In Zukunft wird repariert statt entsorgt, getauscht und geteilt. Das Nutzen wird dem Besitz den Platz streitig machen. Und: Wir werden all diese Arbeiten selbst organisieren, denn es liegt in keinem wirtschaftlichen Interesse, den Konsum zu reduzieren. Alte Möbel wieder auffrischen, Fahrräder in Gang bringen, aus Elektroschrott erneut funktionierende Geräte machen – auch wenn die Erwerbsarbeit weniger wird, werden wir mehr als genug in unserer Gemeinzeit zu tun haben.

Ebenfalls werden wir in Zukunft nicht mehr wie gewohnt mobil sein können: Unsere Städte lechzen aufgrund unseres Automobilverkehrs nach frischer Luft, und jeder Billigflug in den Kurzurlaub heizt unser Klima weiter auf. Trotz allen Wissens um die Folgen unseres rücksichtslosen Verhaltens? Wir verändern überhaupt nichts. Nach wie vor sitzen wir dem Glauben auf, es wäre unser gutes Recht, nach Lust und Laune zu konsumieren, was unsere Geldbörsen hergeben.

Die individuelle Freiheit jedoch hört auf, wo der Lebensraum aller gefährdet wird. Dies müssen wir wieder lernen, respektieren und leben. Mit unserer bisherigen Einstellung richten wir unsere Umwelt und damit uns selbst zugrunde. Jegliches Bemühen, Freiwilligkeit in der Selbstregulierung des eigenen Verbrauchs walten zu lassen, scheiterte.

Für jede gute Idee, die Umwelt zu schützen oder das Klima zu respektieren, fallen uns Gründe ein, warum wir diese nicht unterstützen können. Reduzieren wir die Ausreden auf einen Punkt, landen wir bei der Bequemlichkeit. Nach wie vor sind wir schlichtweg zu faul, uns zu ändern. Die Ausrede, uns fehlte das notwendige Geld für einen ökologischeren Lebensstil, ist: eine Ausrede. So ist ein biologisch erzeugtes Schnitzel der Mehrheit von uns zu teuer, gleichwohl es viel günstiger wäre, würden wir uns wieder daran erinnern, dass es einst »täglich Brot« statt »jeden Tag Fleisch«

hieß. Frische Minze auf dem Fensterbalkon ziehen und mit heißem Leitungswasser zu Tee werden lassen ist nicht teurer als hipper Tea im Tetrapak, es ist nur weniger bequem. Den Zug rechtzeitig buchen schont unseren Geldbeutel deutlich mehr als die Autofahrt, die immer öfter im Stau endet, nur empfinden wir beim reinen Gedanken an die Alternative auf Schienen unsere persönliche Freiheit in ihren Grundzügen gefährdet.

Neben dem Geld ist Zeit oftmals die Begründung, weshalb wir uns einem nachhaltigeren Lebensstil verweigern. Solange wir jedoch stundenlang vor dem Fernseher oder im Internet uns unterhalten lassen können, kann dieses Argument getrost ignoriert werden. Im Hinblick auf den kommenden Abbau erwerbstätiger Arbeit werden wir mehr Zeit zur Verfügung haben, als wir uns dies bisher vorstellen konnten. Freiwillig jedoch werden wir aus unserer Komfortzone in der ausentwickelten Wohlstandsgesellschaft nicht herauskommen. Jede Kultur hatte, so lehrt es uns die Geschichte, am Höhepunkt ihrer gesellschaftlichen Entwicklung zwei Möglichkeiten: ein radikales Umdenken oder das Aussterben.

Aus Liebe zum Leben werden wir uns für das Umdenken und ein neues, nachhaltiges Handeln entscheiden. Je größer der Spaß dabei ist, umso angenehmer werden wir die Transformation durchlaufen. Verbote, wie sie bisher in Form von Veggie-Days oder autofreien Wochenenden in regelmäßigen Abständen empfohlen und auch durchgeführt wurden, machen keine Freude. Sie stoßen auf wachsende Gegenwehr, denn wir glauben, mit jeder Restriktion ein Stück Freiheit zu verlieren, wenngleich diese uns moralisch nicht einmal zustünde. Weltretten muss Spaß machen, dann machen viele mit.

In Zukunft wird ein nachhaltiger Lebensstil zum großen Spiel, denn auch hier nutzen wir die Digitalisierung und erlernte Motivationsanreize durch die Gamifizierung. Sieht man sich jüngste Zahlen aus Studien an, staunen wir, was User an Engagement und Zeit investieren, um innerhalb von sozialen Netzwerken und Communities bestimmte Stati und Boni, Auszeichnungen und Belohnungen zu erlangen. Jeder Fav, Like und jedes Herz, das in der digitalen Welt verliehen wird, zeigt dem Empfänger, dass er wahrgenommen wird und sein gezeigtes Handeln oder Sein berührt. Spannend ist der Aspekt, dass dabei kein materieller Wert angesetzt ist, der etwa in Geld aufgewogen wird.

Das Erhalten, Teilen und Schenken von digitaler Anerkennung und Inhalten erfolgt bedingungslos, freiwillig und ungleich. Das ist, was wir heute bei all den negativen Auswüchsen der sozialen Netzwerke fast schon vergessen haben: Die digitale Gemeinschaft funktioniert heute schon, wie wir die reale in Zukunft gestalten müssen. Deshalb ist es klug, diese mittlerweile gewohnten Verhaltensmuster und Belohnungssysteme in die Realität umzusetzen. Eine Sektion der Teilhabe-App wird unseren Wandel zu einem ökologischen, nachhaltigen Lebensstil begleiten. Die App erinnert uns morgens zum Beispiel daran, das Fahrrad zu nehmen, da der Wetterbericht dafürspricht. Sie wird uns gleichzeitig verraten, wie viele Minuten es länger dauern wird als herkömmlich mit dem Auto, wie viel CO_2-Ausstoß gespart wird und wie viele Kalorien wir bis zur Arbeitsstelle verbrennen. Darüber hinaus zeigt sie an, wie viele Kilometer von uns fehlen bis zum nächsten User-Status-Update und ob die Gesamtkilometeranzahl aller Einwohner des Viertels bereits den neuen Fahrradparkplatz erstrampelt hat.

Wenn man die gesamten Kosten pro gefahrenen Kilometer zwischen Auto und Fahrrad vergleicht, erhält man, je nach Studienurheber, unterschiedlichste Ergebnisse. Eines jedoch ist stets Fakt: Das Fahrrad ist immer günstiger. Acht Cent pro Kilometer oder 24 Cent, fahren wir künftig mehr Rad, sparen wir Kosten. Der staatliche Anteil dieses Budgets kann umgewidmet werden in zusätzliche Infrastrukturen für die ökologisch verträglichere Alternative zum Pkw.

Ob die gesammelten Daten der persönlichen Krankenkasse freigegeben werden, obliegt jedem einzelnen Nutzer, ebenso das individuelle Ökoprofil mit Klarnamen oder unter Nutzung eines Pseudonyms zu veröffentlichen. Schon heute funktionieren viele Sportnetzwerke so: Ob Strava oder runtastic, viele Hobbysportler lassen sich auf Schritt und Tritt digital von ihren Fans und Freunden begleiten. Sie werden angefeuert bei jedem Lauf, gelikt nach jeder Strecke und inspirieren Mitmenschen, sich ebenfalls zu bewegen und Teil der Community zu werden. Datenschützer müssen nicht besorgt sein: Schon heute werden in großem Stil Konsum- und Verhaltensdaten personenbezogen gesammelt, man denke allein an die Bereitschaft von Millionen von Kunden, die beim Kauf an der Kasse Payback-Punkte sammeln oder die Deutschland-Karte zücken. Dies jedoch von privatwirtschaftlicher Seite. Die Teilhabe-App und die notwendige Zukunftsplattform wird als Open-Source-Projekt innerhalb der Gemeinschaft entwickelt und das genossenschaftliche Eigentum von allen. Die Chancen also, gemeinsam mithilfe digitaler Unterstützung und Motivation den Lebensstil einer ganzen Gesellschaft zu ändern, sind so groß wie nie.

Dennoch werden wir bei allem Spieltrieb keinen Wandel ohne die Unterstützung der Politik erlangen.

Diese wird sich wiederum nur ändern, wenn wir von unten unsere Demokratie neu beleben und Sachpolitik Realität werden lassen. Ökologische Alternativen werden umso attraktiver, je weniger angenehm die bestehende Komfortlösung ist. Am Beispiel des Automobils heißt dies, dass wir schonungslos den Individualverkehr in seiner heutigen Form abschaffen. Dies gelingt uns, indem wir das Gewohnte zum Luxus deklarieren – und auch so besteuern. Wer weiterhin uneingeschränkt das Auto nutzen möchte, muss diesen »Luxus« bezahlen. Zwar mögen künftig intelligente Mobilitätskonzepte wie Carsharing, autonome Sammeltaxen und Ähnliches das Platzproblem gerade in urbanen Räumen lindern, so wie der Umstieg auf Elektromobilität das Emissionsproblem, lösen werden beide Entwicklungen das Problem des Individualverkehrs nicht.

Es wird über kostenlosen öffentlichen Nahverkehr, das Fahrrad und in letzter Instanz durch unsere Füße gehen. Während die zukunftsfähigen, umweltfreundlichen Alternativen komfortabel ausgebaut werden, muss individueller Automobilverkehr finanziell schmerzen: Die Steuer eines Pkw muss durch Größe und Gewicht sowie die gefahrenen Kilometer ermittelt werden. Gleich der Grundversorgung von Energie und Wärme erhält jeder Bürger individuelle Freikilometer, die von den regionalen Fachkammern empfohlen werden. Die Anzahl dieser Kilometer ist steuerfrei, während jeder Mehrkilometer deutlich kostspieliger ist. Bilden sich

Fahrgemeinschaften, zählen die zurückgelegten Strecken nur anteilig zu den eigenen, individuellen Pauschalen. Ebenso werden persönliche Lebenssituationen und das berufliche Lebensumfeld berücksichtigt.

Dieselben Mechanismen und die gleiche Strategie – Spaß und Anreiz auf der einen Seite, jedoch klare politische Rahmenbedingungen auf der anderen – können in allen Bereichen der Umgestaltung angewandt werden. Wenn wir bedenken, dass laut WWF nahezu 70 Prozent der direkten Treibhausgase auf die Produktion tierischer Lebensmittel zurückzuführen sind, müsste uns längst der Appetit vergehen. Überfischung der Meere, Massentierhaltung, Nitratverseuchung des Grundwassers – die Folgen des übermäßigen Verzehrs von tierischen Produkten sind längst spürbar und sichtbar. Auch hier greift das Prinzip von Reizen und Regeln. Auf alle Fleisch-, Fisch- und Wurstwaren wird eine Klimasteuer erhoben. Die Deutsche Gesellschaft für Ernährung empfiehlt für eine ausgewogene Kost rund 600 Gramm Fleischverzehr wöchentlich, rund 32 Kilogramm jährlich. Gleichzeitig wird ermittelt, welche Menge an Fleischverbrauch pro Jahr ökologisch vertretbar ist, und daraus ergibt sich die Menge, die wir uns als ökologisch rücksichtsvolle Gesellschaft zum Ziel setzen.

Möchten wir von der Steuer befreit werden, zeigen wir künftig beim Metzger oder Supermarkt kurzerhand unsere digitale Klimacard in der Teilhabe-App. Unmittelbar wird die Abgabe direkt abgezogen, sofern wir noch Freiguthaben auf dem Konto haben. Wer mehr isst, als eine gesunde Ernährung erfordert oder ökologisch vertretbar ist, frönt seinen individuellen Bedürfnissen und wird dafür tiefer in den Geldbeutel greifen.

Ein Nebeneffekt dieses Systems ist der Kampf gegen das sogenannte Food Waste, das Wegwerfen von Lebensmitteln. Während dank moderner Technologie und neuer Verwertungsideen von Produkten die Wegwerfquote von Lebensmitteln innerhalb der Warenflusskette stetig reduziert werden kann, gehört die Endstation Haushalt nach wie vor zu den Orten, an denen wertvolle Lebensmittel in großer Menge vernichtet werden. Falsche wie fehlende Einkaufsplanung ist dabei der vorherrschende Grund, weshalb nach wie vor ein zu großer Anteil an Essen in die heimische Tonne gelangt.

Wir werden uns in Zukunft durch die Unterstützung unserer App sowie die Klimasteuer eher überlegen, ob wir in der Lage sind, die Waren im Korb zu Hause auch zu verwerten. Vor vollen Regalen und einer immensen Auswahl beginnen wir, wieder zu planen und respektvoll mit Lebensmitteln umzugehen. Der zweite Bereich in Bezug auf Food Waste ist der Beginn der Wertschöpfungskette: das Feld des Erzeugers. Je nach Gemüse bleiben aus Selektionsgründen bis zu 50 Prozent der Lebensmittel auf dem Acker. Auch wenn diese Früchte nicht den genormten Handelsklassen entsprechen, wurden Energie, Wasser, Nährstoffe, kurzum wertvolle Ressourcen aufgewendet.

Um auch in Zukunft unseren Wohlstand zu halten, werden wir innerhalb unserer Gemeinzeit verstärktes Engagement zeigen und gemeinsam daran arbeiten, der Lebensmittelverschwendung den Garaus zu machen. Ob Aufsammeln der liegen gebliebenen Kartoffeln, das Pflücken restlicher Erdbeeren oder aber das Ernten von Obst im öffentlichen Raum – nach der eigentlichen Ernte ist die Zeit der Gemeinschaftsernte.

Wir brauchen Kochkurse, die uns das Verwerten und Konservieren wieder näherbringen. Schul- und Kindergärten werden einen Teil der Gemeinschaftsverpflegung durch die solidarische Ernte bestreiten. Unsere Teilhabe-App wird uns täglich Ergebnisse verraten, wie sich unsere Projekte auf unsere Umwelt auswirken, und jedem Einzelnen von uns, wie sehr unser eigenes Haushaltsbudget durch die Gemeinzeit geschont wurde. Wir werden Farmville spielen, nur offline.

DIE ZUKUNFT (BE)STEUERN

Niemand von uns lässt sich freiwillig den Kapitalismus nehmen, weil er bis dato vielen von Vorteil ist. Die Verlierer dieses Wirtschaftssystems werden zunehmen, denn die Digitalisierung, Hyperglobalisierung wie der Kampf um Ressourcen lässt ihn an seiner Grundbedingung versiegen: Ein stetiges Wachstum wird es nicht mehr in gewohntem Maß geben. Die Folge ist die Konzentration des Wohlstands auf wenige, während immer mehr Menschen nicht nur finanzielle Einbußen hinnehmen, sondern um ihre Existenz kämpfen müssen.

Schon heute ist die Lücke zwischen Arm und Reich größer denn je, und sie hört nicht auf zu wachsen. Aus diesem Grund braucht es neue Ideen wie das Sozialeinkommen, die Teilhabesicherung und die Gemeinzeit, die zunächst unsere Existenz und darüber hinaus unseren Wohlstand sichern, auch wenn das permanente Wachstum versiegt. Gleichzeitig werden wir motiviert, uns aktiv für die Gemeinschaft und damit für unser eigenes Wohlergehen einzusetzen. Die Ablöse der menschlichen Arbeitskraft im Erwerbsleben durch Computer und Roboter ermöglicht unserer Gesellschaft, unser Wissen und unsere Kraft in Zukunft wieder verstärkt unserem individuellen wie gemeinschaftlichen Fortkommen zu widmen.

Der größte Vorteil der rasanten Digitalisierung jedoch ist die Freiheit, denn sie wird durch sie selbst finanzierbar. Jede Ausgabenerhöhung im sozialen Bereich wird auf ihre Finanzierbarkeit diskutiert, überprüft und in vielen Fällen als unrealisierbar vom Tisch gewischt. In Zukunft jedoch werden wir große Geldmengen zur Verfügung haben. Ein Teil der Finanzmittel kommt aus der Abnahme personengestützter Erwerbstätigkeit im staatlichen Bereich. Durch die modernen und effizienten Strukturen werden wir Hunderttausende Mitarbeiter in Behörden nicht mehr benötigen: ob im Finanzamt, im Jobcenter oder in der Arbeitsagentur – Milliarden Euro werden frei durch den Wegfall dieser Beschäftigungen und den damit verbundenen Abbau der Bürokratie. Gleichsam ist es die Pflicht, dieses Geld weiterhin in dieselben Menschen, und somit in die Gesellschaft, zu investieren.

Die restlichen Mittel, um die Zukunft von uns Menschen zu finanzieren, werden uns Maschinen erwirtschaften. Steuern auf digital erwirtschaftete Werte, aber auch Abgaben auf automatisierte und robotisierte Wertschöpfung sind unerlässlich. Lassen wir weiterhin diese Entwicklung unkontrolliert voranschreiten, wäre es ein gesamtgesellschaftliches Fiasko: Die Besitzer und Inhaber von Robotern und digitalisierten Angeboten würden reicher und reicher, während unserem Staat die Geldmittel ausgingen, um zumindest die größte Not der Erwerbslosen zu lindern. Aus diesem Grund benötigen wir schnellstmöglich politische Rahmenbedingungen, die uns in der neuen Welt deren Finanzierung sichern.

Weil wir aber neben der Problematik der abnehmenden Erwerbstätigkeit auch das Sichern und Erhalten unseres natürlichen Lebensraums zur Aufgabe haben, werden wir weitere Maßnahmen zur Korrektur der Wirtschaft einführen. Wir dürfen den rücksichtslosen Raubbau an Natur und Umwelt nicht mehr billigen. Freiwillige Selbstverpflichtungen seitens der Wirtschaft sind, das wissen wir aus der Vergangenheit dank Dieselgate & Co., nicht das Papier wert, auf dem die Messergebnisse gefälscht wurden. Nur durch Strafabgaben lässt sich eine völlig entfesselte Ökonomie in sozialverträgliche und ökologisch rücksichtsvolle Bahnen lenken.

Was einst die Planwirtschaft zu wenig an Gütern vorhielt, ist heute in der völlig freien Marktwirtschaft ein enormes Problem: der Überfluss an Produkten. Um Markenwerte zu sichern und Preisstabilität zu gewährleisten, zerstören unzählige Unternehmen neue Ware, die keinen Käufer fand. Lange Zeit wussten wir nichts über diese Machenschaften. Erst durch die Berichterstattung kritischer Medien erfuhren wir, dass Modekonzerne containerweise Bekleidung direkt von der Nähmaschine in den Reißwolf geben und Elektrohersteller palettenweise Neuware in die Schrottpresse.

Das Anprangern schafft kurze Empörung beim Kunden, jedoch keine Verhaltensänderung seitens der Konzerne. Deshalb erfordert die Zukunft von uns allen eine neue Art des Kapitalismus: weg vom Überfluss hin zur Bedarfswirtschaft Plus. Im Zuge der Digitalisierung und besseren Steuerung von Bedarfsszenarien sind Unternehmen angehalten, Waren nach Bedarf zu fertigen. Liegen sie im Mengengerüst bis zu zehn Prozent über dem tatsächlichen Absatz und Verbrauch, wird dies vernachlässigt. Deutliche Überproduktionen hingegen werden finanziell durch Strafabgaben sanktioniert.

Gemeinschaftlich erzeugte Güter des alltäglichen Lebens werden mit einfließen in die lokalen und regionalen Versorgungssimulationen, sodass Gesellschaft und Wirtschaft Hand in Hand ressourcenschonend handeln. Nicht zuletzt müssen wir regional wertgeschöpfte Güter aus Gründen der Ökologie, aber auch der Sicherung von Erwerbsarbeit, wieder attraktiver gestalten.

Wer heute umweltschonend konsumiert, wird doppelt bestraft: Neben dem geringeren Angebot muss der bewusste Kunde teils deutlich tiefer in die Tasche greifen. Ein Wandel im Konsumverhalten kann nur dann erfolgen, wenn jeder Einzelne sich die klimaschützende und sozial bessere Alternative im direkten Vergleich finanziell leisten kann.

Die einfachste Möglichkeit, um diesem Ziel gerecht zu werden, ist das konsequente Erheben von Zöllen. Dabei gilt es, die Trump-Falle zu vermeiden: Der amerikanische Präsident erhob Zölle auf Rohstoffe. Dies hatte zur Folge, dass einheimische Unternehmen abwanderten oder ankündigten, jenes in naher Zukunft zu tun. Rohstoffe müssen gänzlich zollfrei bleiben, allein die Wertschöpfung des Produkts muss signifikant mit Zöllen belegt werden. Wenn also ein Produkt, obgleich es in der Region hergestellt werden könnte, aus fernen Ländern importiert wird, erhält die Ware einen ordentlichen Aufschlag. Güter, die aufgrund von klimatischen oder ressourcenbedingten Gründen nicht regional wertgeschöpft werden können, dürfen in Zukunft zollfrei gehandelt werden. Damit wird umgehend eine Angleichung der Endkundenpreise ermöglicht. Ware, die in der eigenen Region unter ökologischen und sozial verträglichen Bedingungen erzeugt wird, somit deutlich höheren Herstellungskosten unterliegt, wird mit ihrer zukunftsweisenden Wertschöpfung keinen Wettbewerbsnachteil mehr gegenüber angebotenen Billigwaren haben, die aus zweifelhaften Quellen unter intransparenten Bedingungen hergestellt werden, den Wertschöpfungszöllen sei Dank.

Erhöhte Grundsteuern, Luxusabgaben auf Mehrkonsum, Wertschöpfungszölle, Abgaben auf Roboter und Maschinen – all diese Einnahmen werden uns künftige Gemeinwohlprojekte finanzieren und gleichzeitig helfen, die Klimaziele besser zu erreichen. Dennoch greift keine dieser Maßnahmen gegen das Grundübel der Gegenwart: die fehlende Verteilungsgerechtigkeit.

Zu lange haben wir zugesehen, mitgeholfen und inständig gehofft, vielleicht selbst einmal zu den Glücksrittern des ungezügelten Kapitalismus zu gehören. Die meisten von uns haben ihre Erwartung an ein Leben in Reichtum und Wohlstand begraben. Während wenige irrsinnige Reichtümer anhäufen, ist die Mehrheit von uns damit beschäftigt, anständig über die Runden zu kommen. Damit eine Gesellschaft das Attribut »gut für alle« verdient, bedarf es eines Rahmens, der zumindest in Grundzügen Gerechtigkeit garantiert. Jeder von uns hat innerhalb der Gemeinschaft das Recht und die Chance, dass er ein unterschiedlich gutes finanzielles Leben führen kann. Durch die Entkoppelung von Existenz und Einkommen sowie ein Sozialeinkommen sichern wir, dass es künftig niemandem mehr schlecht gehen wird. Nach unten also ist eine Deckelung erfolgt. Dieselbe muss jedoch auch nach oben erfolgen.

45 deutsche Superreiche besitzen nach Schätzungen

des Deutschen Instituts für Wirtschaftsforschung so viel wie die monetär schwächere Hälfte der Bevölkerung. Es braucht keine wissenschaftlichen Erhebungen, die uns erklären, dass diese Vermögen nicht durch die eigene Arbeitsleistung zustande kamen. Die Kritik an der Kumulierung von Reichtümern in derartiger Höhe ist nicht auf Neid gegründet, sondern schlichtweg Resultat der Sehnsucht nach einer gerechteren Welt.

Das Obszöne in unserer heutigen Zeit: Wer bereits mehr Geld hat, als er je ausgeben kann, dem stehen neue Türen offen, um noch mehr zu schöpfen. Selbst Steuerhinterziehung lohnt sich erst, wenn man findige Briefkastentrickser bezahlen und ausreichend Vermögen für das Spekulieren investieren kann.

Hier müssen wir in Zukunft ansetzen. Wer nachweislich unsere Gesellschaft um ihr zustehende Geldmittel schädigt, wird heute mit einem Bußgeld und Gefängnis bestraft. Während der Steuerhinterzieher einsitzt, arbeitet sein Vermögen im Verborgenen weiter für ihn. Das ist keine Strafe. Künftig muss das Strafmaß widerspiegeln, was der Tat gerecht wird: die Geldgier. Wird die Straftat einer Hinterziehung ab einer Million Euro nachgewiesen, wird das gesamte Vermögen des Täters zugunsten des Gemeinwohls eingezogen. Die Gemeinschaft zu schädigen darf sich nicht mehr lohnen.

Auch gegen unanständig hohe Reichtümer müssen wir aus Gründen des sozialen Friedens vorgehen. Bereits einmal in der deutschen Geschichte gab es eine groß angelegte Umverteilung, die gesetzlich durch den Bundestag initiiert wurde. Unter Konrad Adenauer wurde die Abgabe für den Lastenausgleich eingeführt zum Zweck der sozialen Gerechtigkeit. Diejenigen, die nach dem Krieg weiterhin über erhebliche Vermögen an Geldmitteln, Wertgegenständen wie Immobilien verfügten, wurden verpflichtet, eine Zahlung in halber Höhe ihres Gesamtvermögens in einen Ausgleichsfonds einzuzahlen. Dies konnte in bis zu 120 vierteljährlichen Raten erfolgen.

Was jedoch bereits einmal funktionierte, wird nicht mehr wiederholbar sein, denn längst haben sich die sogenannten Superreichen von der Gesellschaft entkoppelt. Ihnen nun Verantwortung für jene abzuverlangen, und dies durch eine Enteignung von Bestandsvermögen, scheint unmöglich.

Bei genauer Betrachtung sind die Forderungen, Reiche zu enteignen, plakativer Populismus: die falsche Lösung für das richtige Problem. Darüber hinaus wäre eine Konfiszierung der Vermögen in keiner Weise wirkungsvoll, wenn das politische System dasselbe bliebe. Nicht zuletzt befinden wir uns in einem Rechtsstaat, dessen Grundlage unser Grundgesetz bildet. Hierin findet sich, was auch der Artikel 17 der Menschenrechte festschreibt: Jeder Mensch hat ein Recht auf Eigentum. Eine Enteignung, wie sie gerne in heutigen Zeiten gefordert wird, verstieße klar gegen nationale wie internationale Rechte. Nirgendwo jedoch steht, dass das Geld, das durch Eigentum und Vermögen erwirtschaftet wird, ebenso rechtmäßig behalten werden darf. Hier müssen wir ansetzen. Im ersten Schritt benötigen wir eine Steuervereinheitlichung.

Bis heute wird in Deutschland Vermögen, also Kapitalerträge, deutlich geringer besteuert als Einkommen. Wer eigener Hände Arbeit verrichtet und nicht sein Geld für sich arbeiten lässt, wird steuerrechtlich mit bis zu 25 Prozent mehr Steuerbelastung bestraft. Genau umgekehrt jedoch sollte es sein und muss es gestaltet werden. Einkommen aus Erwerbstätigkeit gehören bis zu einem Jahreseinkommen von 40 000 Euro steuerbefreit, Einkommen über eine Million Euro pro Jahr hingegen ab dieser Summe mit 100 Prozent belangt.

Ebenso muss es sich mit der Besteuerung von Vermögen verhalten: Das Vermögen dürfen die Eigentümer gerne behalten, nicht aber die Erträge. Diese müssen, übersteigt der Kapitalertrag die Million Euro, im Ganzen abgeführt werden. Durch dieses Prozedere würde Erbschaftssteuer nahezu obsolet. Darüber hinaus wird eine Finanztransaktionssteuer dafür sorgen, dass eine erneute Kumulierung von Werten in ungeahnte Höhen nicht mehr möglich sein wird. Die Einnahmen werden ausschließlich dem Gemeinwohl zugeführt. Egalität, Transparenz und Gerechtigkeit schaffen den Nährboden für einen guten Ort: unsere gemeinsame Zukunft.

Den ganzen Tag schon begleitete Hinnerk Onken ein mulmiges Gefühl. Der Tag war ihm zu ruhig und Tamme zu still. Normalerweise meldete er sich nach ihren Männerabenden stets früh am nächsten Morgen, um zu berichten, dass er gut nach Hause gekommen war. Manchmal stand er tags darauf schon wieder in der Metzgerei für ein kleines zweites Frühstück. Diesmal jedoch blieb selbst das Lebenszeichen über Mittag hinweg aus. Und das war gestern.

Die Sorge um seinen Freund nahm ihm die Konzentration. Hinnerk hängte die Schürze etwas früher als gewöhnlich an den Haken und machte sich auf den Weg zu Johnson. Weil er wusste, dass die Haustürglocke seit Jahren auf ihre Reparatur wartete, ging er direkt ans Küchenfenster und klopfte einige Male, vergeblich. Für den Notfall hatte Tamme einen Haustürschlüssel in dem großen Terrakottagefäß direkt neben dem Buchsbaum eingepflanzt, und so grub Hinnerk mit blanken Händen nach dem Schlüssel. Einen halben Topf tiefer wurde er fündig und öffnete die Tür, während er erst vorsichtig, dann etwas lauter nach Tamme rief. Weder in der Küche noch im Schlafzimmer war eine Spur von Johnson. Im Wohnzimmer angekommen, vernahm Hinnerk ein leises Röcheln, das mit jedem Schritt in die richtige Richtung lauter wurde. Er konnte orten, dass das Geräusch vom Obergeschoss kommen musste. Langsam und vorsichtig nahm Hinnerk eine knarzende Stufe nach der anderen, während er bemerkte, dass aus dem leisen Röcheln ein lautstarkes Schnarchen wurde. »Tamme«, dachte sich Hinnerk und öffnete die Tür zu einem Zimmer, das er bis zu diesem Moment nie besucht hatte: das Arbeitszimmer seines Freundes.

In sich zusammengekauert vor einem leuchtenden Bildschirm, schlief Tamme tief und fest. Selbst als Hinnerk versuchte, ihn sanft wach zu rütteln, blieb dies, außer einem kurzen Aufseufzer, ohne Reaktion. Hinnerk warf einen Blick auf den Monitor, drehte diesen in seine Richtung, um besser zu sehen, und begann zu lesen: von kleiner Vollzeit, Relevanzkennziffern und Teilhabesicherung, über das Sozialeinkommen und von digitalen Lebenswandelgames, die sogar ihn reizen würden. Immer öfter ertappte er sich dabei, zustimmend zu nicken.

Wie lange er am Rechner saß und las, wusste er nicht mehr, aber es wird eine gute Weile gewesen sein, bis er am Ende angelangt war, als er einen Button entdeckte: »Jetzt veröffentlichen«.

Er warf einen Rat suchenden Blick auf seinen schlafenden Freund, überlegte einen Moment und klickte darauf. Ein freudiges »Ja!« begleitete seinen Tag und riss Tamme aus dem Schlaf. Noch benommen sah sich Tamme um und erschrak, als er Hinnerk erblickte. Dieser legte beruhigend die Hand auf Tammes Schultern.

»Mein Freund, ich habe mir Sorgen gemacht. Ich habe seit unserem Abend, und dieser war vor zwei Tagen, nichts mehr von dir gehört. Dafür gelesen.« Hinnerk lächelte, während Tamme sich aufraffte. Als er seinen Rechner zu sich ziehen wollte, hielt Hinnerk ihn davon ab.

»Deine Vision ist, wo sie hingehört. In der Öffentlichkeit. Komm jetzt, lass uns nach draußen gehen und uns bewegen.«

»Wohin willst du gehen?«, fragte Tamme.

»Ich gehe mit dir in deine Zukunft. Ist ein guter Ort!«

DANKSAGUNG

Die Vision einer Zukunft lässt sich nicht mal eben niederschreiben. Sie gründet auf jahrelangen Gedanken, Auseinandersetzungen und Erfahrungen. Sie zu entwickeln benötigt kritische Stimmen, konträre Standpunkte und streitbare Positionen. In den vergangenen acht Jahren, während die erste Idee zur Vision wurde, begleiteten meinen Denkprozess zahlreiche Menschen, die sich stetig und konstruktiv mit mir auseinandersetzten.

Mein Dank gilt Harald Welzer und Ulrich Schneider. Ohne die Abende mit euch wäre ich oft im Gedankengang stehen geblieben. Ihr gabt mir den nächsten Schubs.

Ich danke Claudia Roth (Grüne) und Gerd Müller (CSU) für ihre Bereitschaft, sich mit meinen Ideen auseinanderzusetzen und sie zu unterstützen.

Ebenso danke ich meinen Ladies und Gentlemen, ohne die ich um unzählige Erfahrungen ärmer wäre und niemals die richtigen Gedanken denken hätte können.

Darüber hinaus danke ich Stefan Ulrich Meyer für den großartigen Beginn dieses Buchs und Margit Ketterle mit ihrem Team, Christiane Bernhardt und Nadine

Lipp, für die wunderbare Unterstützung während und zum Ende des Schreibens hin.

Meinem lieben Freund Thomas Hinzen danke ich für die fürsorgliche Kaffeeversorgung allmorgendlich und, befand ich mich in meiner sächsischen Schreib-Enklave Dresden, dem Café Oswaldz für ausreichend schwarzen Antrieb.

Zuletzt danke ich dem Menschen, der sich mit meinem Filius die erste Stelle in meinem Leben teilt: Danke Hendrik, für deine Geduld, dein Verständnis, dein Aushalten und Durchhalten meiner Schreiblaunen. Beim nächsten Mal wird's ... ooohhhhhhhm! <3